# 作者簡歷

## 一、學歷：

東吳大學　歷史學系
中原大學　宗教研究所
以色列耶路撒冷希伯來大學 － 希伯來語第六級(最高級)文憑


## 二、以色列相關經歷：

2012.11 - 2013.5　以色列國際志工　Kibbutz Samar。
2014.9 - 2015.4　以色列國際志工　Kibbutz Ein Gev。
2015.7 - 2017.6　耶路撒冷希伯來大學主修希伯來語。
2016-2017　在以期間曾四度受邀至以色列國會中文-希伯來文-英文翻譯。
2018.3　創辦妥拉坊，推廣希伯來語與妥拉學習。
2018.3 - 2020.6　基督教網路平台:鴿子眼「奧秘之鑰-解鎖妥拉」、「創世奧秘-文字智慧: 22 個希伯來語字母解析」主講人。
2018.12 - 2020.12　以色列聯合呼籲組織台灣分會妥拉講師。
2019.10 迄今　政大公企中心　現代/聖經希伯來語、妥拉講師。


## 三、參與講座：

2018.12　以色列教育思維影響力論壇：「踏進人生的應許之地-以色列經驗的個人生命省思」，由迦樂國度文化主辦。
2019.4　妥拉:生命之道　猶太文化藝術展(台南場)，主講「出埃及記文本詮釋及其宗教意涵」由猶沐文化主辦。
2019.9　政大公企中心，「智慧之鑰-希伯來語」。
2019.10　妥拉: 生命之道　猶太文化藝術展 (台北場)，共四場講座:「猶太人的精神食糧:妥拉、猶太人的教育思維、上帝的文字:希伯來語、上帝的行事曆」。由猶沐文化、正義美學主辦。
2020.8　妥拉藝術文化展:共生共存,「奇布茲:以色列志工經歷的省思啟示」。由猶沐文化、正義美學主辦。

妥拉坊自 2018 年 3 月創辦以來，亦不定期自行舉辦希伯來語、及妥拉相關的課程及講座。

# 作者序

由基督教網路平台:鴿子眼策畫,以基督徒的角度來讀妥拉,冀望用深入淺出之方式來介紹妥拉的「奧秘之鑰-解鎖妥拉」這一系列影片拍攝計畫,前後歷時兩年多,從 2018 年 3 月開始至 2020 年 5 月結束。筆者有幸,受邀撰寫該計畫的所有影片腳本 (逐字稿) 的內容,從「創世記、出埃及記、利未記、民數記、申命記」共 54 段妥拉、以及「耶和華的節期」、和「創世奧秘-文字智慧」22 個希伯來文字母解析。以上內容文字,共逾六十餘萬字,拍出 300 多支的影片。

自 2020 年 5 月拍攝結束後,筆者開始將這些文字整理成冊,以待日後出版成書,從創世記、出埃及記、利未記、民數記、申命記、耶和華的節期、和 22 個希伯來語字母解析,共 7 本書。

讀者拿在手上的這本《奧秘之鑰-解鎖妥拉:民數記》就是根據原先拍攝的影片腳本 (逐字稿) 擴充而來,文中多加了些許的註腳,俾使文本的質量更加豐富。

現在回首,能完成這麼龐大的計畫完全是上帝的恩典,感謝鴿子眼及 Betaesh 的團隊在過去的協作和支持,特別是 Kevin 若沒有你的發起和全力支持,這個計畫是不會發生的、Peter & Jill 若沒有你們堅持到底的精神和堅毅的執行力,在當中居間協調並解決各樣大小問題與狀況,那這個計畫是不可能會完成的。最後感謝元萍的影片後製,若沒有妳精準和過人的細心,這麼大量的希伯來文字-卡和希伯來文經文是不可能這麼整齊漂亮的出現在影片上。

也特別感謝愛生協會/以色列聯合呼籲組織台灣分會會長 Richard & Sandy 的邀請,讓鹽光能完整分享兩年的妥拉課程,每次預備分享課程的內容,以及思想咀嚼你們所提出的每個問題時,總能使鹽光更加深對於每段妥拉深入又多面向的思考。

另外,也特別感念香港夏達華總幹事黃德光老師的指導,在撰寫腳本期間,您總是願意耐性地看完我內容冗長的文字,並給我方向和激發我作進一步的思考。筆者兩次赴港,去到夏達華聖經文物博物館參訪期間,也承蒙 Amelia,Alison,Henry 等老師的熱情接待與照顧,在此一併致謝。

在拍攝-寫作期間,也感謝不少人默默地給予支持和奉獻,在此特別謝謝 Eva 姐,以及 Steve 哥 & Connie 姊。

最後,感謝我的父、母親,沒有你們全然放手,全然支持我的「以色列信心之旅」那就不會有現在的我,也感謝我的岳父、岳母,寫作期間還特別買了一部筆電讓

我能進入高效能地寫作狀態，也特別感謝岳母 洪博士，於百忙中還願意幫女婿校稿。還有我最摯愛的太太(現正懷著八個月大的女兒:鍾馨)，若沒有妳對我的「不離不棄」和「完全的信任及全部的支持」，這個妥拉拍攝-寫作的如此龐大的計畫是不可能成就的。

感謝上帝，感謝祢的恩典，感謝祢所賞賜的一切。

# 格式與範例

一、**QR Code**.

在本書中，讀者將會看到許多 **QR Code**.(上面正方形的圖案)。在每段妥拉的標題，和正文當中五個分段的標題旁邊，都會出現這些 **QR Code** 的方型圖案。

正如前文在作者自序中所述，這一系列《奧秘之鑰-解鎖妥拉》的著作，原先是一項大型拍攝計畫: 54 段妥拉，每段妥拉再細分成 5 支短信息的影片。本計畫始於 2020 年 6 月拍攝結束後，陸續將近三百支影片全數上傳至基督教網路福音平台: 鴿子眼 Youtube 頻道。

而本書《奧秘之鑰-解鎖妥拉: 民數記》，及其後即將出版的出埃及記、申命記、耶和華的節期、及希伯來文 22 字母釋義，皆由筆者原先為著拍攝計畫而寫成的「影片腳本 (逐字稿)」所進一步「擴充」而成。

在這些腳本(逐字稿)中，正如讀者在本書中將會看到的，會有許多的希伯來經文和字詞，若讀者也想同步學習及聆聽這些**希伯來文**的正確發音，即可以用手機來「掃描」這些 **QR Code**. 連結到對應的妥拉影片，和本書一起閱讀視聽，順便學習經文當中一些重要的**希伯來文**的字詞和概念。

## 二、本段妥拉摘要

在每段妥拉的第一頁，都會有一份「本段妥拉摘要」的文字內容，此摘要放在每段妥拉的頁首，目的是希望讀者可以先透過此摘要內容，來對這一段妥拉有個初步整體的、提綱挈領的理解和認識。

## 三、經文「伴讀」

在每段妥拉的第二頁面左上角，會列出本段妥拉的經文範圍，及其相關的伴讀經文。例如民數記 No.1 妥拉 <在曠野> 篇第二頁，讀者將會看到如下的經文編排：

**民數記 No.1 妥拉 <在曠野> 篇（פרשת במדבר）**
經文段落:《民數記》1:1 - 4:20
先知書伴讀:《何西阿書》1:10-2:20
詩篇伴讀: 122 篇
新約伴讀:《馬太福音》4:1-17、《羅馬書》9:22-33、《哥林多前書》12:12-31

關於妥拉讀經的「分段」[1]，以及和本段妥拉信息相關所搭配的「先知書伴讀」[2]，這個讀經的傳統至少已有 1500 年的歷史。「詩篇伴讀」[3] 也是由猶太先賢們找出和本段妥拉信息、內容「能彼此呼應」的篇章作伴讀，目的也是讓讀經的人，能更加深對本段妥拉的經文理解。最後的「新約伴讀」則是作者參考幾個權威性的「彌賽亞信徒 (信耶穌的猶太人) 」的網站 [4] 彙整而來。

以上的讀經方式: 猶太人 (包括信耶穌的猶太人，即所謂的彌賽亞信徒) 讀妥拉「搭配」一段與其經文「信息內容」相關的先知書、詩篇、以及新約經文，其實是一種「以經解經」的讀經方式。透過妥拉、以及所搭配的先知書伴讀、詩篇伴讀、新約伴讀，各處的經文彼此「互相呼應」、「前後融貫」，這些經文本身即能「架構出」一幅較為完整的圖像，提供一幅「全景式」的讀經視野。

此外，在各個節期中如 逾越節、五旬節、住棚節……等，歷世歷代的猶太人也都有各自「選讀」的經文段落。在這些節期中，透過這些「選讀的經文」，也更能深刻地「對準」經文的深層意涵。[5]

---

[1] 關於妥拉讀經的「分段傳統」，另參 黃德光，《道成了肉身-約翰福音猶太背景註釋(2)》，夏華達研道中心，2019 年 10 月第一版，頁 194-201，〈第十二課、古代會堂的讀經傳統:讓人驚訝不已的彌賽亞聯繫〉。

[2] 妥拉讀經的分段及先知書伴讀的分段，筆者主要參考 Nosson Scherman. *The Humash-The Torah, Haftaros and five Megillos with a commentary anthologized from the rabbinic writings.* (חמשה חומשי תורה עם תרגום אונקלוס פרש״י הפטרות וחמש מגילות), Artscoll Mesorah Publications. 2016. 以及 Adin Even-Israel Steinsaltz. *The Steinsaltz Humash-Humash Translation and Commentary.* (חומש שטיינזלץ עם ביאורו של הרב עדין אבן-ישראל שטיינזלץ), Koren Publishers Jerusalem. 2018.

[3] 詩篇伴讀，見 Rabbi Menachem Davis.*The Book of Psalms with an interlinear translation.* (ספר תהלים שמחת יהושע) The schottenstein editon, Artscoll Mesorah Publications. 2016. Xix.

[4] 例如 *Hebrew for Christian. , Bibles for Israel and the Messianic Bible Project., First Fruits of Zion.*。書本的部分，見 David H. Stern. *Complete Jewish Bible*. Jewish New Testament Publications .1998.

[5] 詳見筆者拙作《奧秘之鑰-解鎖妥拉:耶和華的節期》，在本書中會把所有節期相關「選讀及伴讀的經文」羅列出來。

## 四、妥拉「標題」

行文中，每段妥拉的「標題」皆以「雙箭頭-粗體字」做標示，目的是要凸顯出這段妥拉的「主題信息」，因為每段妥拉的重點信息大抵都會圍繞在「標題」上，例如下文：

民數記第一段妥拉標題<**在曠野**>。經文段落從民數記 1 章 1 節到 4 章 20 節。
<**在曠野**>這個標題，在和合本中文聖經，民 1:1：

『以色列人出埃及地後，第二年二月初一日，
耶和華 **在**(西奈的)**曠野** 會幕中曉諭摩西說：』

וַיְדַבֵּר יְהוָה אֶל-מֹשֶׁה **בְּמִדְבַּר** סִינַי בְּאֹהֶל מוֹעֵד
בְּאֶחָד לַחֹדֶשׁ הַשֵּׁנִי בַּשָּׁנָה הַשֵּׁנִית לְצֵאתָם מֵאֶרֶץ מִצְרַיִם לֵאמֹר

這段妥拉的標題: <**在曠野**>(**בְּמִדְבַּר**) 就是希伯來經文原文民 1:1 的第五個字，這個字(**בְּמִדְבַּר**) 就是民數記第一段妥拉的標題。

在進入這段妥拉的主題之前，先來讀一段經文，耶利米書 2:2：

『你去向耶路撒冷人的耳中喊叫說，耶和華如此說：
我記得 妳年少時的恩愛，新婚時的愛情，
妳怎樣<**在曠野**>-在未開墾之地跟隨我，』

## 五、整段「淺灰」

行文中，若一些「字詞和概念」是筆者欲加強的閱讀重點，這些「字詞和概念」同樣會以「粗體字」作標示。若「一整段」是筆者認為的「重點內容」，那這「一整段」的文字會以「淺灰色」全部覆蓋，例如下文：

<**在曠野**>之前「人人平等」，<**在曠野**>沒有人會擁有自己的房子、田地、和牧場，沒有人是比較有錢，或是比較貧窮，<**在曠野**>當中，大家為了生存下去，必須要互相幫忙、互助合作。

最後，<**在曠野**>這個「寂寞靜謐-一無所有」的環境中，人們才有可能「完全地」

轉向神，人們也才有辦法「專注地」面對神。

這就是為什麼耶和華神，要在以色列百姓出埃及後，領他們去到<曠野>的原因，因為<在曠野>能更清楚專注、心無旁騖地聆聽到「神的話」，<在曠野>中，百姓可以經歷到內心深處「更深刻的事物」。

這確實如此，因為以色列百姓就是<在曠野>，在西奈山聽到「神說話」的聲音，並且領受十誡和一切聖法，以色列百姓也正是<在曠野>中，把神的居所，也就是會幕給豎立起來，<在曠野>以色列百姓學習耶和華神所頒佈一切律例、典章、法度。

## 六、問題與討論

每段妥拉最後的結尾，皆會提出五個問題，問題的設計主要是幫助讀者「複習」本段妥拉的重點信息，或更進一步激發讀者對本段妥拉內容做「更深層的思考」，底下，以民數記 No.1 妥拉 <在曠野> 篇為範例：

**問題與討論：**

1. 民數記第一段妥拉標題<在曠野>。以色列百姓<在曠野>經歷了哪些「重要事件」？ 為什麼耶和華神領以色列人出埃及後，沒有直接帶他們進迦南地，而是先讓他們<在曠野>生活？

2. 民數記開頭，耶和華神<在曠野>對以色列全營作「數點、徵兵、整備、建軍」的布署動作，是在為「進入迦南地」做萬全整備。可以猜想，或許耶和華神原來的計畫，是要以色列百姓<在曠野>的第三年，或第四年，就能成功地過約旦河，得地為業。但，為何後來卻「停滯不前」，以色列百姓<在曠野>竟漂流了 40 年之久？

3. 在以色列人出埃及到曠野的這一過程中，從哪些事情上你可以看出耶和華神是一位「有計畫的神」？ 你是否相信神的計畫一定是最完善、最有效率，也是最好的？ 特別是當神的計畫和你自己的計畫不一樣，或互相矛盾時，你願不願意「放下」自己，單單相信「神的計畫」？

4. 民數記 2:2：『以色列人要按自己家族的旗號，各在自己的旗幟下安營，他們要「對著會幕的四圍」 安營。』 12 支派，分成四個營，安營的座標，都是

「以神為中心」，或說，**以神的居所:會幕為中心**。在這個安營的邏輯和原則中，我們看到，有一項很重要的屬靈真理，這也可說是神國的第一定律，請問這項屬靈真理和定律是什麼？

5. 以色列四個「營旗上的圖騰」各是什麼？ 這「**四活物**」還有出現在整本聖經的哪些書卷和段落中？ 在這些段落的內容裡，和四活物一起一併被提到的是什麼？

# 七、妥拉讀經進度

如前文所述，妥拉的讀經進度，按照猶太人傳統，於一年內會把 54 段妥拉讀畢，若遇「節期」，譬如 逾越節、五旬節、住棚節……等等，也都會有相關的妥拉-先知書-詩篇和其他書卷的伴讀經文 [6]，如果讀者希望可以試行一年的妥拉讀經進度，可以掃描上面標題「妥拉讀經進度」右邊正方形的 QR code.將妥拉坊的妥拉讀經進度的 Google Calendar 嵌入，即可知道每週的讀經內容。

---

[6] 在猶太人的讀經傳統裡，不同的節期，會搭配不同的書卷一起伴讀，譬如在逾越節，猶太人會讀《雅歌》。到了五旬節，猶太人會讀《路得記》。住棚節，猶太人會搭配伴讀的書卷是《傳道書》。聖殿被毀日，猶太人會搭配《耶利米哀歌》一起伴讀。普珥節，猶太人則會伴讀《以斯帖記》。在贖罪日，猶太人會讀《約拿書》。關於節期搭配相關書卷伴讀的內容，詳參《奧秘之鑰-解鎖妥拉:利未記》No.6 妥拉<死了之後>篇之第四段「贖罪日與約拿」。

# 參考資料

寫作期間，除筆者自己對於 (希伯來文) 經文本身的思考之外，亦參考大量猶太-希伯來解經的註經書籍，撰寫過程中的許多想法和寫作方向，很多都是「直接得益於」這些註經書籍，底下列出幾本權威性的著作：

Adin Even-Israel Steinsaltz. *The Steinsaltz Humash-Humash Translation and Commentary*.( **חומש שטיינזלץ עם ביאורו של הרב עדין אבן-ישראל שטיינזלץ** )，Koren Publishers Jerusalem. 2018.

Nosson Scherman. *The Humash-The Torah, Haftaros and five Megillos with a commentary anthologized from the rabbinic writings*. ( **חמשה חומשי תורה עם תרגום אונקלוס פרש״י הפטרות וחמש מגילות** ), Artscoll Mesorah Publications.2016.

Jonathan Sacks. *Covenant & Conversation Genesis：The Book of Beginnings*. Koren Publishers Jerusalem; First Edition, 2009.

Jonathan Sacks. *Covenant & Conversation Exodus：The Book of Redemption*. Koren Publishers Jerusalem; First Edition, 2010.

Jonathan Sacks. *Covenant & Conversation Leviticus：The Book of Holiness*. Koren Publishers Jerusalem; First Edition, 2015.

Jonathan Sacks. *Covenant & Conversation Numbers：The Wilderness Years*. Koren Publishers Jerusalem; First Edition, 2017.

Jonathan Sacks. *Covenant & Conversation Deuteronomy：Renewal of The Sinai Covenant*. Koren Publishers Jerusalem; First Edition, 2019.

Jonathan Sacks. *Ceremony & Celebration：Introductios to the Holidays*. Koren Publishers Jerusalem; First Edition, 2017.

Jonathan Sacks. *Lessons In Leadership*. Koren Publishers Jerusalem; First Edition, 2015.

Jonathan Sacks.*Essays on Ethics*. Koren Publishers Jerusalem; First Edition, 2016.

Nehama Leibowitz. *New Studies in Bereshit Genesis.*(עיונים חדשים בספר בראשית). The World Zionist Organization. 2010

Nehama Leibowitz. *New Studies in Shemot Exodus.*(עיונים חדשים בספר שמות). The World Zionist Organization. 2010

Nehama Leibowitz. *New Studies in Vayikra Leviticus.* (עיונים חדשים בספר ויקרא). The World Zionist Organization. 2010

Nehama Leibowitz. *New Studies in Bamidbar Numbers.* (עיונים חדשים בספר במדבר). The World Zionist Organization. 2010

Nehama Leibowitz. *New Studies in Devarim Deuteronomy.* (עיונים חדשים בספר דברים). The World Zionist Organization. 2010

Avigdor Bonchek，林梓鳳譯，《研讀妥拉:深度釋經指南》(*Studying the Torah: a Guide to In-Depth Interpretation*)，夏達華研道中心出版，2013 年 11 月。

# 什麼是「妥拉」？

摩西五經，又稱「**妥拉**」，希伯來文 (**תּוֹרָה**) 讀音 **Torah**，這個字的意思為「**指引、引導**」，英文為 **instruction**. (**תּוֹרָה**) 這個字究其「字根(**ירה**)」意義為「**射擊**」**shoot**. 或更進一步說，就是『**射中靶心，射中目標**』。[1]

顧名思義，妥拉就是耶和華神給以色列百姓的一套成聖「生活指南」，在這部生活寶典當中，耶和華神告訴祂的子民，**應該「如何」生活、「怎麼」生活**。因此，耶和華神乃是透過妥拉，向世人表明 祂對「人」受造的心意：是要人「活出」神「**尊貴、榮美、聖潔**」的形象和樣式 。

此外，妥拉也是整本聖經的第一部分，**是神話語的「全部根基」**，妥拉是耶和華神 向世人「自我啟示」的「第一手文獻」，是以「第一人稱」「親口吩咐」一切的 聖法-典章-律例，也是耶和華神與以色列百姓所訂的永恆「**約書(סֵפֶר הַבְּרִית)**」[2]。事實上整本聖經詳述耶和華神「**直接說話**」紀錄「頻率-密度最高」的正是在妥拉/摩西五經當中。

在妥拉這部文獻中，可以清楚了解「**神的心意**」、祂「**做事的法則**」、以及 神在人類歷史中「**運作的軌跡**」，藉此顯明 耶和華神是「**主導歷史**」的主，祂給「**救贖歷史**」的發展主軸作了一個「定調」，就是耶和華神確立以色列作為「長子」的名分，以色列要在萬民中做屬神的子民，成為『祭司的國度、聖潔的國民』，為列國的光。耶和華神立他「聖名的居所」[3] 在以色列當中。而那將來要做以色列的王、彌賽亞耶穌，祂會從「以色列家-猶大支派-大衛」的後裔而出。耶和華神將迦南地賜給以色列百姓為「永久的產業」。**在末後的日子，耶和華神要在以色列身上「顯出」祂大能的權柄和榮耀。**[4] 以上，就是耶和華神，在妥拉裡，所架構出的一個救贖歷史的「**格局和框架**」，好讓世人有一個清楚、可依循的「引導、指南」。

所以，妥拉就「不只是」耶和華神對一個民族所說的話，**還更是耶和華神對於全人類的心意**，包含祂所定下的 各個節期，和人類「救贖」大歷史的計畫。

---

[1] 關於「**妥拉(תּוֹרָה)**」一詞的詳細釋義，另見《奧秘之鑰-解鎖妥拉:利未記》No.10 妥拉<在我的律例>篇之第二段「律法與妥拉」。

[2] 出埃及記 24:7。

[3] 申命記 12:5,11,14,26, 16:2,6,7,11,15,16.。同參《奧秘之鑰-解鎖妥拉:申命記》No.4 妥拉<看哪>篇之第二段「立為祂名的居所」。

[4] 以西結書 36:23, 38:16,23。

同時，妥拉也不是一套墨守成規的律法、教條，就像文士、法利賽人所守的、所理解的那種方式，因為這正是耶穌所反對「面對妥拉的僵硬方式」。**妥拉乃是神的話語，是要『帶來生命和醫治』。**

正如約書亞記 1:8 所說：

> 『這**律法書** (原文是**妥拉**) [5]，不可離開你的口，總要晝夜思想，
> 好使你謹守遵行這書上所寫的一切話。
> **如此，你的道路就可以亨通，凡事順利。**』

又如詩篇 1:2-3 所記載：

> 『**惟喜愛耶和華的 律法** (原文是**妥拉**)，**晝夜思想，這人便為有福！**
> 他要像一棵樹栽在溪水旁，**按時候結果子，葉子也不枯乾。**
> **凡他所做的 盡都順利。**』

及至到了被擄歸回時期，尼西米、文士以斯拉回到耶路撒冷後，他們所做的第一件事仍是『**恢復神的律:妥拉**』。

尼西米記 8 章，描述了這一感人肺腑的重大時刻：

> 『到了七月，以色列人住在自己的城裏。
> 那時，他們如同一人聚集在水門前的寬闊處，
> 請文士以斯拉，將耶和華藉摩西傳給以色列人的 **律法書(妥拉)** 帶來。...
> 以斯拉站在眾民以上，在眾民眼前展開 **這書(妥拉)**。
> 他一展開，眾民就都站起來。...眾民聽見 **律法書(妥拉)** 上的話都哭了。』

整本聖經，對妥拉是充滿「**積極正面**」的教導，這是當然的，因為那是『**耶和華神的話**』。

又如詩篇 19:7 說：

> 『耶和華的 **律法(妥拉) 全備，能甦醒人心。**』

來到新約，耶穌與妥拉 [6] (當然) 也是息息相關。

---

[5] **妥拉(תּוֹרָה)** 這個希伯來字在中文聖經多半被翻譯成「律法」，這其實並不是很好的翻譯。

[6] 同參《奧秘之鑰-解鎖妥拉:利未記》No.10 妥拉<在我的律例>篇之第三段「耶穌與律法」。

耶穌曾在約翰福音 4:22 親自提到 救恩的猶太根基，耶穌說：『你們所拜的你們不知道，我們所拜的我們知道，因為 **救恩是從猶太人出來的。**』

耶穌從『亞伯拉罕-以色列家-猶大支派-大衛的後裔』而出，耶穌「在世肉身」的身分，是個不折不扣的猶太人，正如保羅所說『列祖就是他們的祖宗；按肉體說，基督**(彌賽亞)** 也是從他們 (以色列) 出來的』羅馬書 9:5

耶穌在世，守安息日、上會堂，**讀 (父神耶和華的) 妥拉**、過父神耶和華的節期：**逾越節、五旬節、住棚節**……等等。在新約裡面，有許多地方記載耶穌「**遵守妥拉**」的典範 ，以及對妥拉「**賦予新意**」的教導。

首先、耶穌按照妥拉「**受割禮**」[7]，在聖殿中獻給父神。在路加福音 2:21-23 中寫道：『滿了 八天，就給孩子 **行割禮**，與他起名叫耶穌；這就是沒有成胎以前，天使所起的名。按摩西律法 (妥拉) 滿了潔淨的日子，他們帶著孩子上耶路撒冷去，要把他獻與主(父神耶和華)。正如主 (父神耶和華) 的律法 (妥拉) 上所記：凡頭生的男子必稱聖歸主。』

第二、耶穌運用妥拉中的教導，例如在路加福音 5:12-14 經文提到，當耶穌醫治完大痲瘋的病人後就對他說： 『只要去給祭司查看，照摩西 **(妥拉)** 所規定的，獻上潔淨禮的祭物，好向他們作見證。』[8]

第三、在新約中，隨處可見耶穌遵守妥拉中「**耶和華神所定下的節期**」，譬如在馬太福音 26:17 中寫到耶穌守逾越節：「除酵節的第一天，門徒來問耶穌說：你吃「**逾越節**」的筵席，要我們在哪裡給你預備？」

事實上，耶穌來到世上的「道成肉身」的救贖工作，完全就是以「**耶和華的節期**」為中心展開。[9] 馬太福音 26:2 ，耶穌說『你們知道，過兩天是 **逾越節**，人子將要被交給人，釘在十字架上。』所以耶穌是「**逾越節**」被殺的羔羊，因為按照 **父神耶和華的時間計畫表**，耶穌在「**逾越節**」受難。耶穌在「**初熟節**」復活，所以耶穌成為『睡了之人初熟的果子』林前 15:20。最後，耶穌升天前囑咐門徒，要在耶路撒冷等候父神在「**五旬節**」的時候，將聖靈澆灌下來。使徒行傳 1:4

最後、耶穌在世 **並沒有廢掉妥拉，乃是要成全妥拉**。在馬太福音 5:17-18，耶穌說：

---

[7] 同參《奧秘之鑰-解鎖妥拉:利未記》No.4 妥拉<懷孕>篇之第五段「割禮的盟約」。

[8] 同參《奧秘之鑰-解鎖妥拉:利未記》No.5 妥拉<大痲瘋>篇之第五段「耶穌與大痲瘋」。

[9] 同參《奧秘之鑰-解鎖妥拉:利未記》No.8 妥拉<訴說>篇之第二段「節期的功能」。

『莫想我來要廢掉 律法/妥拉(**תּוֹרָה**) 和先知，

我來不是要廢掉，乃是要成全。

我實在告訴你們：就是到天地都廢去了，

律法/妥拉(**תּוֹרָה**) 的一點一畫 也不能廢去，都要成全。』

耶穌沒有廢掉妥拉，**耶穌要廢掉的 乃是: 文士和法利賽人所奉行的僵化的、人為的「律法主義」**。因為耶穌其實把律法/妥拉的標準「**提的更高**」，直搗妥拉的核心，也就是人的心思意念。『凡看見婦女就動淫念的，這人「**心裡**」已經與她「**犯姦淫**」了。』馬太福音 5:28

事實上，在耶穌、門徒和初代彌賽亞會堂[10] 的時期，他們所讀的是「希伯來聖經」，至少摩西五經(妥拉)和先知書的部分都已成冊。所以提摩太後書 3:16 說的『**聖經** 都是神所默示的，於教訓、督責、使人歸正、教導人學義都是有益的， 叫屬神的人得以完全，預備行各樣的善事。』這裡的「**聖經**」，自然指的是: 妥拉、先知書。

再來，在耶穌那個時候，也尚未有『受難日、復活節、聖靈降臨節...』這些後來人所制訂出來的節期；**耶穌和門徒們過的是妥拉中『耶和華的節期』。**

客觀忠實地回到聖經的文本和歷史脈絡中，**其實「耶穌自己」並沒有要自立於以色列先祖的「希伯來信仰的傳統」之外，另立「一個新的宗教」，並且自稱為這個「新宗教的教主」**，耶穌沒有這樣做。充其量我們最多只能說 耶穌是希伯來信仰中，一個最具革命性、帶來最深遠效應的一位 (在希伯來信仰體系中的) 宗教改革者，只是這位改革者的身分極其特殊，因為他乃是父神耶和華所差來的：[11]

『我與「**父神耶和華**」**原為一**。』約翰福音 10:30

我們說，基督徒信耶穌，是耶穌的跟隨者，那耶穌自己有沒有信仰？

答案是肯定的，耶穌相信父神 (耶和華)，耶穌說：

---

[10] 相信耶穌是猶太人的彌賽亞的門徒們，及其所成立的會堂，稱之為「彌賽亞信徒和會堂」。

[11] 當耶穌談論上帝時，總會勾起人對 (以色列的) 上帝的回憶，記起 (這位)上帝所做的一切。這位上帝從地上萬族揀選亞伯拉罕，拯救以色列免受埃及奴役，上帝賜他們妥拉，讓他們成為祂的子民。這位上帝又藉眾先知，告訴他們救贖將要臨到。耶穌談論「上帝」，談論的是跟「以色列」有深厚淵源的上帝，不是討論哲學家想像的那個「抽象的」上帝。所以耶穌在猶太會堂、在耶路撒冷聖殿宣講信息，完全是理所當然，因為這裡就是以色列的上帝受人敬愛和崇拜地方。正因為如此，當眾人回應耶穌的信息時，『他們就歸榮耀給「以色列的上帝 (**אֱלֹהֵי יִשְׂרָאֵל**)」。』(馬太福音 15:31)。見《耶穌的福音-探索耶穌信息的核心》，Joshua N. Tilton，呂少香譯，夏達華研道中心出版，2015 年九月，頁 13. 第三章 <耶穌宣告「誰的」王國?>

『我以「父神耶和華」的事 為念。』路加福音 2:49

又說:

『子憑著自己什麼也不能做,
只有看見「父神耶和華」所做的,子才能做,
因為「父神耶和華」所做的事,子也同樣地做。』約翰福音 5:19

再來看耶穌的<主禱文>就非常清楚,前三句話都是「指向」天父(耶和華神):

『我們在「天上的父神耶和華」,
願人都尊「祢耶和華神的名」為聖,
願「祢耶和華神的國」降臨,
願「祢耶和華神的旨意」行在地上如同行在天上。』馬太福音 6:9-10

如果耶穌在地上,凡事都按照「父神耶和華的旨意」在行事,那我們應該就有必要去認真探詢和了解「父神 (耶和華) 的心意」為何? 「父神耶和華做事的法則」是什麼? 而這些,其實都已詳細地啟示-陳明在妥拉 (摩西五經) 當中。

因為,耶穌道成肉身,來到人世間的最終目的,是要把人「引向」父神耶和華那裏去,正如耶穌自己說的:

『我就是道路、真理、生命。
若不是藉著我,沒有人能到「父神耶和華」那裡去。』約翰福音 14:6

『因為我從天上降下來,不是要按自己的意思行,
乃是要按「那差我來者的」意思行。』約翰福音 6:38

『我的教訓,不是我自己的,
乃是「那差我來者」的。』約翰福音 7:16

這樣看來,作為聖子的耶穌,自然也就不可能會說出和父神耶和華「互相矛盾」的話語和教導出來,因為如詩人所言:

『耶和華啊,祢的話(妥拉) 安定在天,直到永遠。』詩篇 119:89

最後,用詩篇 119:1 這節經文來做一個小結:

『行為完全、**遵行耶和華律法 (妥拉)** 的，這人便為有福。』[12]

# 目錄

# 民數記
## 「文本信息」綜論

民數記，希伯來文書卷名為 (בְּמִדְבַּר)，意思為「**在曠野**」，而民數記的內容講述的正好是以色列百姓「在曠野」歷時 38 年漂流遷徙、「信心拉扯」的經歷。

從先前在出埃及記所記述的十災、分開紅海、雲柱-火柱、天降嗎哪……等等的神蹟奇事，以至於西奈山的頒布十誡，以色列百姓都「親眼見證」了耶和華神的信實、慈愛和看顧、保護。來到利未記，以色列百姓也因著「會幕」的豎立及運作，除了學習「成聖」，也讓他們「確實知道」神榮耀的「臨在和同住」，時刻經歷耶和華神的「堅強護衛」。

因此，進入民數記開篇就提到「在曠野」做人口普查、「徵兵和營隊布署」的事宜，好為將來「得地為業」的戰鬥做準備。似乎看似一切準備就緒、朝著目標:迦南地前進，但中間卻發生探子事件、可拉叛亂、火蛇災難、什亭淫亂事件……等等，當然還有以色百姓無數次的「**抱怨、悖逆 和 不信**」。

這些事件在在表明了以色列百姓，對耶和華神的應許和計畫「**缺乏信心**」，導致他們一直想用「人意」的方式「走自己的路」甚至「走回頭路」:回到埃及。正因如此，才「延遲」了向迦南地「上行」的進度，讓以色列百姓停滯不前的「屬靈景況」有 38 年的時間就如同「**在曠野**」一般。

# 民數記 No.1 妥拉

## <在曠野>篇 (פרשת במדבר)

**本段妥拉摘要:**

民數記第一段妥拉標題<**在曠野**>，希伯來文(בְּמִדְבַּר)。這段妥拉講述耶和華神給以色列百姓做了「全營」的人口普查、數點、徵兵，以及營地布署等相關的重要工作，這些工作乃是為了將來以色列要「拔營-起行」而做的整備工作。

如這段妥拉的標題<**在曠野**>所揭示，耶和華神並不是在一個舒適、安逸、豐饒、富庶的環境之下來預備、訓練以色列百姓，正好相反，耶和華神是<**在曠野**>這樣一個艱難的環境中來「預備、磨練」以色列百姓，為的就是要讓他們靈裡剛強、身體健壯，使他們能過約旦河，進入應許之地，得地為業。

<**在曠野**>這個沒水、沒食物，甚至是沒有生命的天然環境中，人看到了 曠野 的廣闊無垠，人意識到了自己的「有限」和「澈底無能」，所以人必須「完全倚靠」神。

<**在曠野**>之前「人人平等」，<**在曠野**>中沒有人會擁有自己的房子、田地、和牧場，沒有人比較有錢，或比較貧窮，<**在曠野**>大家為了生存下去，必須要互相幫忙、互助合作。

最後，<**在曠野**>這個「寂寞靜謐-一無所有」的環境中，人們才有可能「完全地」轉向神，人們也才有辦法「專注地」面對神。

這就是為什麼耶和華神，要在以色列百姓出埃及後，領他們去到<**曠野**>的原因，因為<**在曠野**>能更清楚地聆聽到「神的話」，<**在曠野**>中，百姓可以經歷到「更深刻的事物」。

因為以色列百姓正是<**在曠野**>，在西奈山聽到「神說話」的聲音，並且領受十誡和一切聖法，以色列百姓也正是<**在曠野**>，把神的居所，也就是會幕給豎立起來，<**在曠野**>以色列百姓才可以專心地學習耶和華神所頒佈一切律例、典章、法度。

## 民數記 No.1 妥拉 <在曠野> 篇 (פרשת במדבר)

經文段落:《民數記》1:1 - 4:20
先知書伴讀:《何西阿書》1:10 - 2:20
詩篇伴讀: 122 篇
新約伴讀:《馬太福音》4:1-17、《羅馬書》9:22-33、《哥林多前書》12:12-31

## 一、 <在曠野>

民數記第一段妥拉標題<在曠野>。經文段落從民數記 1 章 1 節到 4 章 20 節。
<在曠野>這個標題,在民 1:1:

『以色列人出埃及地後,第二年二月初一日,
耶和華 在 (西奈的) 曠野 會幕中曉諭摩西說: 』

וַיְדַבֵּר יְהוָה אֶל-מֹשֶׁה **בְּמִדְבַּר** סִינַי בְּאֹהֶל מוֹעֵד
בְּאֶחָד לַחֹדֶשׁ הַשֵּׁנִי בַּשָּׁנָה הַשֵּׁנִית לְצֵאתָם מֵאֶרֶץ מִצְרַיִם לֵאמֹר

這段妥拉的標題: <在曠野>(**בְּמִדְבַּר**) 就是希伯來經文原文民 1:1 的第五個字,這
個字(**בְּמִדְבַּר**) 就是民數記第一段妥拉的標題。

在進入這段妥拉的主題之前,先來讀一段經文,耶利米書 2:2:

『你去向耶路撒冷人的耳中喊叫說,耶和華如此說:
我記得 妳年少時的恩愛,新婚時的愛情,
妳怎樣<在曠野>-在未開墾之地跟隨我, 』

הָלֹךְ וְקָרָאתָ בְאָזְנֵי יְרוּשָׁלַ͏ִם לֵאמֹר כֹּה אָמַר יְהוָה
זָכַרְתִּי לָךְ חֶסֶד נְעוּרַיִךְ אַהֲבַת כְּלוּלֹתָיִךְ
לֶכְתֵּךְ אַחֲרַי **בַּמִּדְבָּר** בְּאֶרֶץ לֹא זְרוּעָה

回到民數記,民數記這卷書的希伯來文標題正好就是<在曠野>(**בְּמִדְבַּר**),因為這
卷書記錄了以色列百姓<在曠野>行走-漂流三十九年的時間,其中所經歷的一切

種種，從出埃及後的第二年，耶和華神吩咐摩西要數點百姓，做徵兵，和營地布署的準備工作開始，一直到最後，以色列百姓來到摩押平原，正對耶利哥城，準備要過約旦河。

<在曠野>的這三十九年的歲月中，從民數記 11 章開始，以色列百姓開始無故地抱怨，然後接連又發生了「探子事件、可拉叛黨、銅蛇事件」，以及「先知巴蘭的詭計」，誘使以色列百姓和摩押及米甸女子犯姦淫，甚至還拜偶像，來到民數記 25 章這裡，可以說是以色列百姓<在曠野>的靈性最低點，但是進入 26 章之後，又開始止跌回升。

再回到民數記第一段妥拉<在曠野>，民數記第一章和第二章所描繪出來的景象其實是氣勢磅礡的，這就像是一幅耶和華神<在曠野>「建軍、閱兵」的壯大陣容的圖像，來看民 1:2-3 經文所說的：

『你要按 以色列全會眾 的家室、宗族、人名的數目計算 所有的男丁。凡以色列中，從二十歲以外，能出去打仗的，你和亞倫要 照他們的軍隊 數點。』

שְׂאוּ אֶת-**רֹאשׁ כָּל-עֲדַת בְּנֵי-יִשְׂרָאֵל** לְמִשְׁפְּחֹתָם לְבֵית אֲבֹתָם בְּמִסְפַּר שֵׁמוֹת **כָּל-זָכָר לְגֻלְגְּלֹתָם**. מִבֶּן עֶשְׂרִים שָׁנָה וָמַעְלָה **כָּל-יֹצֵא צָבָא** בְּיִשְׂרָאֵל תִּפְקְדוּ אֹתָם **לְצִבְאֹתָם** אַתָּה וְאַהֲרֹן

『以色列人要各歸自己的纛下，在本族的旗號那裏，對著會幕的四圍安營。 34 以色列人就照耶和華所吩咐摩西的去做，他們就這樣 依自己的旗號安營，就這樣各照自己的宗族、家族起行。』民 2:2, 34

אִישׁ עַל-דִּגְלוֹ בְאֹתֹת לְבֵית אֲבֹתָם יַחֲנוּ בְּנֵי יִשְׂרָאֵל **מִנֶּגֶד סָבִיב לְאֹהֶל-מוֹעֵד יַחֲנוּ**. וַיַּעֲשׂוּ בְּנֵי יִשְׂרָאֵל כְּכֹל אֲשֶׁר-צִוָּה יְהוָה אֶת-מֹשֶׁה **כֵּן-חָנוּ לְדִגְלֵיהֶם** וְכֵן נָסְעוּ אִישׁ לְמִשְׁפְּחֹתָיו עַל-בֵּית אֲבֹתָיו

耶和華神不是在肥沃的平原上、或是豐沛的水源地、有河流滋潤的土地上，或物產豐饒的環境中來預備、訓練以色列百姓，正好相反，耶和華神是<在曠野>這樣一個艱難的環境中來「預備、磨練」以色列百姓，為的就是要讓他們靈裡剛強、身體健壯，使他們能過約旦河，進入應許之地，得地為業。

<在曠野> 這樣沒水、沒食物，甚至沒有生命的天然環境中，人看到曠野的廣闊無垠，人意識到自己的有限和澈底無能，所以人必須「完全倚靠」神。

<在曠野>之前「人人平等」，<在曠野>沒有人會擁有自己的房子、田地、和牧場，

沒有人是比較有錢，或是比較貧窮，<在曠野>當中，大家為了生存下去，必須要互相幫忙、互助合作。

最後，<在曠野>這個「寂寞靜謐-一無所有」的環境中，人們才有可能「完全地」轉向神，人們也才有辦法「專注地」面對神。

這就是為什麼耶和華神，要在以色列百姓出埃及後，領他們去到<曠野>的原因，因為<在曠野>能更清楚專注、心無旁騖地聆聽到「神的話」，<在曠野>中，百姓可以經歷到內心深處「更深刻的事物」。

這確實如此，因為以色列百姓就是<在曠野>，在西奈山聽到「神說話」的聲音，並且領受十誡和一切聖法，以色列百姓也正是<在曠野>中，把神的居所，也就是會幕給豎立起來，<在曠野>以色列百姓學習耶和華神所頒佈一切律例、典章、法度。

如果從希伯來文來看「曠野」和「話語」、「說話」這幾個字的關聯就更清楚了：

曠野 (מִדְבָּר)
話語 (דָּבָר)
說話 (מְדַבֵּר)

上面這三個字裡面都有一個共同的字根 (דבר)，這個字根本身也是一個單字，意思就是「話語、事物」。

是的，耶和華神<在曠野>中向以色列百姓「說話」，神<在曠野>中「啟示、顯明」祂自己，神也讓以色列百姓<在曠野>當中經歷了許多「重要的事物」，百姓<在曠野>操練信仰的功課和信心的磨練。可以這麼說，以色列百姓<在曠野>中累積很多、很重要的寶貴經驗和生存智慧。

在我們進入到生命中的應許地「之前」，神往往會帶我們走一條 <在曠野> 的道路，目的不是要我們受苦-挫敗，正好相反，<在曠野>是要讓我們的生命 被神「雕塑-磨練」，靈命變的「更強壯」，走一條<在曠野>的道路，是要使我們更多的仰望神、依靠神、經歷神，生命被神來「修整-建造」。

最後，用以賽亞書 43:19 這節經文，來作一個小結：

『看哪，我要做一件新事；如今要發現，你們豈不知道嗎？
我必 <在曠野> 開道路，在沙漠開江河。』

הִנְנִי עֹשֶׂה חֲדָשָׁה עַתָּה תִצְמָח הֲלוֹא תֵדָעוּהָ
אַף אָשִׂים **בַּמִּדְבָּר** דֶּרֶךְ בִּישִׁמוֹן נְהָרוֹת

## 二、 停滯不前

在民數記的開頭，我們看到的是一番新氣象，耶和華神<在曠野>要對以色列全營作一個「**數點、徵兵、整備、建軍**」的動作，神也給以色列百姓做了營地和部隊的「布署」，不論是紮營或起行，全體百姓都是按照神所規定的「次序」在前進。

這就是民 2:2, 34 所說的：『以色列人要各歸自己的纛下，在本族的旗號那裏，**對著會幕的四圍安營。** 34 以色列人就照雅威所吩咐摩西的去做，他們就這樣 **依自己的旗號安營**，就這樣各照自己的宗族、家族起行。』

或許耶和華神原來的計畫，是要以色列百姓<在曠野>的第三年，或第四年，就能成功地過約旦河、進入迦南地，因為民數記開篇，頭幾章所講述的數點百姓、徵兵、12 支派部隊編制的種種事情，正就是在為著「進入迦南地」在做積極準備。

待這些預備動作都做好以後，以色列全營就「**拔營-起行**」，離開西奈山。民 10:11-13：
　　　　『第二年二月二十日，雲彩從法 櫃的帳幕收上去。
　　以色列人就按站往前行，**離開西奈的曠野**，雲彩停住在巴蘭的曠野。
　　　　這是他們照耶和華藉摩西所吩咐的，**初次往前行。**』

以色列全營，現在正式成為「**耶和華的軍隊**」，第一次拔營起行，要往目的地: 迦南地前進。

但是在離開西奈曠野沒多久，以色列百姓又開始「騷亂、抱怨」，民數記 11 章提到的「他備拉」發怨言、「基博羅‧哈他瓦」事件，然後來到民數記 12 章，我們看到就連摩西的姐姐和哥哥:米利暗和亞倫也對摩西說毀謗的話，結果米利暗長大痲瘋，使得「起行」的路程被「中斷-耽擱」下來。

這就是民 12:15 所說：

『於是米利暗關鎖在營外七天。
**百姓沒有行路**，直等到把米利暗領進來。』

וַתִּסָּגֵר מִרְיָם מִחוּץ לַמַּחֲנֶה שִׁבְעַת יָמִים
**וְהָעָם לֹא נָסַע** עַד-הֵאָסֵף מִרְיָם

再來到民數記 13 章就是「打發探子」，14 章十個探子回來報「惡信」以後，造成全營恐慌，結果，民數記的故事發展從此急轉直下，以色列的「上行-前進」迦南之路，變成「**下跌-倒退**」之途，這使得以色列百姓<在曠野>漂流了 38 年。

說到這裡，稍微回顧一下 出埃及記 裡的摩西和以色列百姓。

在出埃及記當中，我們看到，當以色列百姓抱怨沒有肉吃，沒有水喝的時候，耶和華神「沒有懲罰」百姓，但是來到民數記，當百姓抱怨的時候，耶和華神就會施行管教，會懲罰以色列百姓。

譬如，在出埃及記 16:3 那裏記載，百姓想吃肉，於是向摩西抱怨說：

『巴不得我們早死在埃及地、耶和華的手下；
那時我們坐 在肉鍋旁邊，吃食得飽足。
你們將我們領出來，到這曠野，
**是要叫這全會眾都餓死啊！**』

然後耶和華神就對摩西說，出埃及記 16:12：

『我已經聽見以色列人的怨言。你告訴他們說：
到黃昏的時候，**你們要吃肉**，早晨 **必有食物得飽**，
你們就知道我是耶和華－你們的上帝。』

這裡我們看到，在出埃及記中，百姓的抱怨，耶和華神「沒有」懲罰，但是來到民數記，神的管教卻「來到」了，民 11:4-6：

『他們中間的閒雜人大起貪慾的心；以色列人又哭號說：「**誰 給我們肉吃呢？**我們記得，在埃及的時候不花錢就吃魚，也記得有黃瓜、西瓜、韭菜、蔥、蒜。現在我們的心血枯竭了，**除這嗎哪以外，在我們眼前並沒有別的東西。**』

然後就是耶和華神的懲罰，民 11:33-34：

> 『肉在他們牙齒之間尚未嚼爛，**耶和華的怒氣就向他們發作**，
> 用**最重的災殃擊殺了他們**。
> 那地方便叫做 **基博羅‧哈他瓦** (意思就是:貪慾之人的墳墓)，
> 因為他們在那裏 **葬埋 那起貪慾之心** 的人。』

הַבָּשָׂר עוֹדֶנּוּ בֵּין שִׁנֵּיהֶם טֶרֶם יִכָּרֵת **וְאַף יְהוָה חָרָה בָעָם**
**וַיַּךְ יְהוָה בָּעָם מַכָּה רַבָּה מְאֹד.**
וַיִּקְרָא אֶת־שֵׁם־הַמָּקוֹם הַהוּא **קִבְרוֹת הַתַּאֲוָה**
כִּי־שָׁם **קָבְרוּ** אֶת־הָעָם **הַמִּתְאַוִּים**

為什麼來到民數記，耶和華神好像變嚴厲了，神變的會「**懲罰-管教**」以色列百姓。神為何如此呢？

不要忘記，在出埃及記，以色列百姓已經經歷西奈山的「天啟」事件，百姓在那裡直接與耶和華神「相遇」，並領受十誡、和一切的聖法，在出埃及記的結尾，以色列百姓甚至還把「神的居所」:會幕給蓋出來，以致於百姓可以「隨時看見」神「榮耀的雲彩」在會幕的上方，「帶領」著百姓前面的道路。

因此，到了民數記，以色列百姓已經有了一套聖法，並且知道:神的律例、法度、典章，還有一個代表「神同在」的居所:會幕，所以，**百姓們應該是可以信心滿滿，無所畏懼地**，**繼續前面「上行-前進」的進攻迦南之路**，但是，正如我們在民數記整卷書裡面所看到的，以色列的生命和靈性並「沒有長進」，還沒有長大成熟，即便他們有了神的律例、神的同在(會幕)，他們仍然繼續在抱怨、他們依舊信心短缺、他們仍然還在想著要「回埃及」去。

所以，**來到民數記，當百姓抱怨的時候，耶和華就「懲罰-管教」他們了。**

是的，我們的生命是不是有些時候也像以色列百姓一樣，儘管已經「領受」神許多豐盛的「恩典和真理」，但靈裡卻仍然繼續在埋怨、苦毒？

是不是在我們的信仰經歷中，也像以色列百姓一樣，雖然我們肉體看似是「出埃及」，但實際上我們的靈裡還「沒有」出埃及，一碰到困難、挑戰，就向神抱怨、爭鬧著想「回埃及」去呢？

## 三、 「有計畫」的神

從出埃及記，一直到民數記，我們看到，耶和華神帶領以色列百姓出埃及，來到西奈山，再到準備要離開西奈山繼續「前進迦南」，中間的這一整個過程，其實都是有「**神自己完善的計畫**」和萬全的預備。

可以這樣說，**耶和華神是一位做事「未雨綢繆」，甚至還是「步調緊湊」的上帝**。下面，就來看幾處的經文：

首先在出埃及記 19 章這裡，以色列百姓在出埃及的第三個月，就來到西奈山，和耶和華神相會面，在那裏和神「立約」，要成為『祭司的國度、聖潔的子民』，並且領受十誡、妥拉。

『以色列人出埃及地以後，**在第三個月** (初一)，**就在那一天，他們來到西奈的曠野**。他們離了利非訂，來到西奈的曠野，就在那裏的山下安營。』出埃及記 19:1-2

『(出埃及地後的) **第二年，正月初一日，帳幕 就立起來。**』出埃及記 40:17

會幕立起來以後，耶和華神接下來，很快地又做了下一個「預備」工作，就是吩咐摩西要「數點百姓、徵兵、和營地布署」的動作，這個就是民數記第一章和第二章所描述的事情。

『以色列人出埃及地後，**第二年 二月初一日**，耶和華在西奈的曠野、會幕中曉諭摩西說：你要按以色列全會眾的家室、宗族、人名的數目 **計算** 所有的男丁。凡以色列中，**從二十歲以外，能出去打仗的**，你和亞倫要 **照他們的軍隊 數點。**』民數記 1:1-3

等到，數點百姓、徵兵、營地布署的工作完成以後，耶和華神就帶領以色列百姓，離開西奈山，要拔營啟行，展開「前進迦南」的「上行」之途。民 10:11-13：

『(以色列人出埃及地後的) **第二年，二月二十日**，雲彩從法 櫃的帳幕收上去。以色列人就按站往前行，**離開西奈的曠野**，雲彩停住在巴蘭的曠野。這是他們照耶和華藉摩西所吩咐的，**初次往前行。**』

再把剛剛前面讀的這幾處經文，做一個整理，看看神是在多少的時間之內，就把

以色列百姓給「裝備-建造」起來，讓他們成為一支「耶和華神的軍隊」：

1. 出埃及 **第一年** 的三月，以色列百姓來到西奈山，領受十誡、妥拉，耶和華神先用神的「話語-真理」來「造就-建造」百姓。接下來，耶和華神就吩咐摩西要以色列百姓建造神的居所;也就是會幕，所以，出埃及記從 25 章開始一直到 40 章結束，經文很大的篇幅和內容都是在講述會幕的建造，所以從西奈山的領受十誡之後，過了九個月的時間。

2. 出埃及 **第二年 正月初一日**，以色列百姓就把會幕豎立起來。

3. 出埃及 **第二年 二月初一日**，耶和華神展開人口普查、全民徵兵、和營地布署的「大規模」的整備動作。這個以色列全營的「建軍」和整備工作完畢以後，然後，不到三個禮拜的時間內，耶和華神就要以色列百姓「拔營-起行」，正式離開他們「長期駐紮」的營地:西奈曠野，要離開這塊已經熟悉的地方，繼續向著前面的目標:迦南地挺進。

4. 出埃及 **第二年 二月二十日**，雲彩從法櫃的帳幕收上去。以色列百姓離開西奈的曠野，初次往前行。

從以上的「時間表」來看，我們發現，耶和華神帶領以色列百姓出埃及，**其實只利用一年的時間，就把他們「裝備-建造」起來**，到出埃及後的第二年，二月二十日，就要他們「拔營-起行」，離開西奈曠野，準備前進迦南，得地為業。

若是按著耶和華神這樣「步調緊湊、迅速有效」的計畫來看，或許以色列百姓很快就可以過約旦河，進迦南地，也許到了出埃及的第三年或第四年，百姓很可能就進去應許之地了，但是，事與願違，正如我們在民數記所看到的:

**以色列百姓仍然常常小信，仍然抱怨，仍然按著「老我」，照著「自己的意思」在行路**，他們雖然有了神的律法，有神隨時的同在:會幕在營地當中，可是他們對神沒有信心，他們不照神的意思，乃是照著肉體的意思，結果是什麼？

結果就是「**延宕**」神的計畫，「**延遲**」進迦南地的時間進程，使得以色列百姓 <在曠野> 多漂流了 38 年的時間，甚至還要等到「出埃及那一代」的以色列人都過世以後，新一輩的以色列人才能進迦南。

是的，神的意念高過人的意念，神的道路高過人的道路，但是當神的計畫和我們的計畫不一樣，或互相矛盾的時候，我們願不願意「放下」自己的意思，單單相信「神的計畫」？

我相信，**神的計畫一定是最完善、最有效率，也是最好的**，因為我們的神，祂是創造宇宙-自然-全地的主，一切的時間-空間都掌握在這位「超越的主」的手中。

# 四、 以神為中心

在民數記開篇的頭幾章當中，耶和華神給以色列百姓的全營做了「數點、徵兵、和營地佈署」的動作，這是為了要使以色列百姓能夠繼續前進迦南地之前，所需要做的「預備」工作，在這些預備工作當中，我們看到，有一項很重要的屬靈真理，是神國的第一定律，就是「**次序**」，一個「**以神為中心**」，「**對齊神**」的次序。

> 『以色列人要按自己家族的旗號，各在自己的旗幟下安營，
> 他們要 對著 會幕的四圍 安營。』民 2:2

民數記 2 章接下來的經文，依序提到了 在會幕四圍安營 的次序，首先 (字卡/圖片) [1] 是在會幕東邊的 **猶大營**，再來是會幕以南的 **呂便營**，再來，會幕西邊的以 **法蓮營**，最後是會幕以北的 **但營**。

12 個支派，分成四個營，安營的座標，都是「**以神為中心**」的，或者說，是以神的居所:會幕為中心的。

另外在「內層」的安營，則是「利未家族」的營地布署，有會幕東邊的 **摩西和祭司家族的成員**:包括亞倫和他的兒子，會幕以南的 **哥轄族**、會幕西邊的 **革順族**，以及會幕以北的 **米拉利族**。

以上，剛剛我們講的是營地的部署和配置，接下來要說的是，如果當以色列全營要「拔營-起行」的時候，那麼，根據民數記第二章的記載，四個營「**前進的順序**」依序是，猶大營、呂便營、以法蓮營，和押在大部隊尾巴的但營，最後還有一隊還沒提到的，就是那些保護和照管會幕及一切聖物器具的利未各族呢？

> 『隨後，**會幕** 要往前行，有 **利未營** 在 諸營中間。』民 2:17

---

[1] 見本段文本信息的 youtube 影片。

當以色列大部隊在「移動」的時候,這些照管會幕、約櫃的利未人和利未營,他們是被安排在 四個營的「中間」,也就是介於第二營:呂便營和第三營:以法蓮營的中間。

這就表示說,即便是以色列營地在起營、遷徙、行進間的時候,**神的會幕和一切聖物也要被「放在中間」,被特別地「保護和守衛」**。

如果再從四個營的「戰鬥人數」來說,在民數記第二章裡面,我們依序看到:

『凡屬 猶大營 按著軍隊被數的,共有 十八萬六千四百 名,要作 第一隊 往前行。』民 2:9

『凡屬 呂便營 按著軍隊被數的,共有 十五萬一千四百五十 名,要作 第二隊 往前行。』民 2:16

『凡屬以 法蓮營 按著軍隊被數的,共有 十萬零八千一百 名,要作 第三隊 往前行。』民 2:24

『凡 但營 被數的,共有 十五萬七千六百 名,要歸本纛作 末隊 往前行。』民 2:31

我們再來重新整理一下: (圖表) [2]

第一隊的 猶大營,全營戰鬥人數是「**最多的**」,共有十八萬六千四百名,猶大營之所以被安置在拔營起行的「**第一隊**」,作為「**打頭陣**」的先鋒部隊,其中一個主要原因就是它是人數最多的一個營。

再來,一個部隊的壓軸隊伍,也是很重要的,這就是所謂的「瞻前顧後」,不能隊伍的前面在攻擊,但是「背後-尾巴」被敵人「偷襲」,所以,耶和華神就把人數「**第二多**」的營: **但營**,編在「最後一隊」,但營共有十五萬七千六百名,再來就是緊跟在利未營前面的呂便營,共有十五萬一千四百五十名戰鬥人員,是第三多,最後則是第三隊的以法蓮營,共有十萬零八千一百名戰鬥人員。

上面,講了這麼多關於以色列營地的部屬和人數,其實不外乎就是在強調一個真理,那就是 **耶和華神,祂是如何地有「次序」、有效率在「裝備-建造」以色列百姓。**

---

[2] 見本段文本信息的 youtube 影片。

因為，只有當一個信仰群體的內部「井然有序」了，它的外部運作才會「順暢」。只有當以色列百姓按著耶和華神所制定的營地「布署和次序」來「紮營、生活和起行」的時候，他們才有辦法「繼續前進」上行迦南地的應許之路。

這就是民 2:34 說的：

『以色列人就這樣行，

各人照他們的家室、宗族歸於本纛，安營-起行，

都是 照耶和華所吩咐摩西 的。』

『正如我們一個身子上有好些肢體，肢體也不都是一樣的用處；我們這許多人在基督裡成為一身，互相聯絡做肢體，也是如此。』羅馬書 12:4-5

**對齊神，以神為中心，按著神的「法則和次序」來行，我們的生活和事工就會「事半功倍」**；反之，如果是照著自己的意思，以我為中心的話，那很多時候，我們常會感到「事倍功半」。

想要讓你的生命變得更輕省，更有效率嗎？ 那就「與神對齊」吧！

# 五、 四營與「四活物 」

『以色列人要各歸自己的 纛 (營旗)下，在本族的 (支派)旗 那裏安營；

他們要對著 會幕的四圍 安營。』民 2:2

אִישׁ עַל-דִּגְלוֹ בְאֹתֹת לְבֵית אֲבֹתָם יַחֲנוּ בְּנֵי יִשְׂרָאֵל

מִנֶּגֶד סָבִיב לְאֹהֶל-מוֹעֵד יַחֲנוּ

在上面民 2:2 經文中，一開始出現的「纛」 也就是「**營旗**」(דֶּגֶל) 這個字，後面的「**旗號**」(אֹתֹת) 這個字指的是「支派旗」，也就是 12 支派各自所有的「支派旗」。

所以說，整個以色列營地，(圖卡) [3] 如果四個營各有一個「**纛: 營旗**」，再加上 12 個支派的「**支派旗**」，最後再加上祭司-利未家族的旗幟，那總共會有 **17 面** 的

---

[3] 見本段文本信息的 youtube 影片。

旗幟。

試著想像一下，當以色列全營不管是「紮營」，或是部隊「起行-移動」的時候，那個「旗海飄揚」的盛大軍容，和雄壯的氣勢及場面，這確實是會讓敵人感到畏懼，因為這是「**耶和華神的軍隊**」，這是神的會幕在人間，在「以色列營地」當中的一個榮耀圖像。這也就是為什麼當摩押王巴勒，看到以色列人準備過境時，會感到害怕和畏懼的原因，甚至還要找來當時中東最厲害的術士:巴蘭來做法「咒詛」以色列。

『那時西撥的兒子巴勒作摩押王。他差遣使者往大河邊的毗奪去，到比珥的兒子巴蘭本鄉那裏，召巴蘭來，說:「有一宗民 **從埃及出來，遮滿地面**，與我對居。這民比我強盛，現在求你來為我咒詛他們，或者我能得勝，攻打他們，趕出此地。因為我知道，你為誰祝福，誰就得福;你咒詛誰，誰就受咒詛。」民 22:4-6

再回到這個「**纛: 營旗**」，也就是圍繞著會幕，在「會幕四圍」安營的(圖卡) [4] 四個營:猶大營、呂便營、以法蓮營，和但營，他們各自所擁有的「**營旗**」。

根據猶太的釋經書米大示，**Midrash (מדרש)**，裡面清楚記載到，四個營旗的圖案，
會幕東邊的 **猶大營**，營旗圖案為 **獅子**、
會幕南邊的 **呂便營**，營旗圖案是 **人**、
會幕西邊的 **以法蓮營**，營旗圖案 **公牛**、
會幕北邊的 **但營**，營旗的圖案是 **老鷹**。

**獅子、人、公牛，老鷹**，這四個圖案，或者我們，**這四活物**，在先知 以西結 的異象當中也曾經出現過，以西結書 1:10 講到四活物的面貌:

『至於臉的形像:
前面各有 **人** 的臉，右面各有 **獅子** 的臉，
左面各有 **牛** 的臉，後面各有 **鷹** 的臉』

另外一位也在異象中見過 **四活物** 的約翰，祂在啟示錄 4 章當中，也清楚地描繪到這四活物的樣貌，像 **獅子、人、公牛**，和 **老鷹**。啟示錄 4:6-8:

『寶座前好像一個玻璃海，如同水晶。寶座中和寶座周圍有四個活物，前後遍體都滿了眼睛。第一個活物像 **獅子**，第二個像 **牛犢**，第三個臉面像 **人**，第四個像 **飛鷹**。四活物各有六個翅膀，遍體內外都滿了眼睛。他們晝夜不住的說:聖哉!聖哉!聖哉!主神是昔在、今在、以後永在的全能者。』

---

[4] 見本段文本信息的 youtube 影片。

如果說，以色列 四個「營旗上」的圖案，正如猶太釋經書「米大示」所言，是:
獅子、人、公牛，和 老鷹，那麼這四圖騰，正好就是以西結和約翰在異象中所
看到的，在「天上寶座的四活物」。

這就表示說，其實， 耶和華神設立祂的會幕在以色列營地的正中央，就好像是
耶和華神把祂的寶座，按照「天上的樣式」透過有形的物質，把它「複刻」在地
上，「豎立」在以色列全營的中間，並且在會幕的四圍，正如同天上的四活物，
有四個營在「護衛-保護」著神的居所，也就是神的寶座。

這也就是我們剛剛一開始所讀的民 2:2 的經文:

> 『以色列人要各歸自己的 纛 (營旗)下，在本族的 (支派)旗號 那裏安營;
> 他們要 對著 會幕的四圍 安營。』

所以說，地上的會幕，這個<在曠野>由以色列百姓，按照耶和華神所指示建造
出來的 神的居所:「會幕」，以及「在會幕四圍安營」的樣式，很大程度上反映
出了「天上寶座」以及「寶座四圍的四活物」的型態。

是的，以色列作為耶和華神在人類「救贖歷史」當中的一個運作軟體，讓我們清
楚看到，耶和華神曾經與以色列先祖亞伯拉罕-以撒-雅各所「應許」的土地和後
裔，以及與以色列百姓在西奈山所立下的「永約」，這些至今都還是有效的，並
沒有被廢除。

因為，以色列乃是「耶和華神的軍隊」，在末後的日子，他們會再次被恢復，會
再次全數「回歸」，就像民數記這裡，<在曠野>的這一群以色列百姓，全營都被
耶和華神「整備-建軍」，最終的目的地，就是「回歸」，進入，或者說「回到」
耶和華神向列祖所應許的寬闊美好之地: 迦南地。

何西阿書 1:10-11 (希伯來原文 2:1-2):

> 『然而，以色列的人數必如海沙，不可量，不可數。
> 從前在甚麼地方對他們說「你們不是我的子民」，
> 將來在那裏必對他們說「 你們是 永生上帝的兒子」。
> 猶大人和以色列人必一同聚集，為自己立一個首領，從被擄之地上來，
> 因為 耶斯列的日子必為大日。』

## 問題與討論：

1. 民數記第一段妥拉標題<**在曠野**>。以色列百姓<**在曠野**>經歷了哪些「重要事件」？ 為什麼耶和華神領以色列人出埃及後，沒有直接帶他們進迦南地，而是先讓他們<**在曠野**>生活？

2. 民數記的開頭，耶和華神<在曠野>對以色列全營做「數點、徵兵、整備、建軍」的布署動作，是在為「進入迦南地」做萬全整備。可以猜想，或許耶和華神原來的計畫，是要以色列百姓<在曠野>的第三年，或第四年，就能成功地過約旦河，得地為業。但，為何後來卻「**停滯不前**」，以色列百姓<在曠野>竟漂流 40 年之久？

3. 在以色列人出埃及到曠野的這一過程中，從哪些事情上你可以看出耶和華神是一位「**有計畫的神**」？ 你是否相信神的計畫一定是最完善、最有效率，也是最好的？ 特別是當神的計畫和你自己的計畫不一樣，或互相矛盾時，你願不願意「放下」自己，單單相信「**神的計畫**」？

4. 民數記 2:2：『以色列人要按自己家族的旗號，各在自己的旗幟下安營，他們要「**對著會幕的四圍**」安營。』 12 支派，分成四個營，安營的座標，都是「**以神為中心**」，或說，**以神的居所:會幕為中心**。在這個安營的邏輯和原則中，我們看到，有一項很重要的屬靈真理，這也可說是神國的第一定律，請問這項屬靈真理和定律是什麼？

5. 以色列四個「營旗上的圖騰」各是什麼？ 這「**四活物**」還有出現在整本聖經的哪些書卷和段落中？ 在這些段落的內容裡，和四活物一起一併被提到的是什麼？

# 民數記 No.2 妥拉

## &lt;數點/提升&gt;篇 （פרשת נשא）

## 本段妥拉摘要：

民數記第二段妥拉，標題&lt;**數點/提升**&gt;，希伯來文(נָשָׂא)。本段妥拉接續上段妥拉&lt;在曠野&gt;，把剩下利未的兩個家族:革順、米拉利這兩族的人也&lt;**數點**&gt;出來，並完成分派他們在會幕裡所分配的工作。如此，以色列全營的人口&lt;**數點**&gt;、徵兵、營地布署，還有利未三族的會幕工作分配都完成，以色列 12 支派，全體百姓都按著耶和華神的「次序和法則」，各自地被放在不同的角色和位置上。現在的以色列，達到空前的「團結合一」，變成一支「耶和華神的軍隊」，是沙漠雄軍。

因著 12 支派的「齊心團結」，要知道要讓 12 支派達成「合一」其實不是件容易的事，因為以色列的這 12 個族長，畢竟是由雅各的四個妻妾，四個不同的女人所生的，但是約瑟和哥哥們的恩怨，他們彼此的後代子孫，都願意「放下過去」，盡釋前嫌，為著神給以色列的「使命和呼召」來委身，來奉獻，所以才能成就這個&lt;**數點**&gt;、徵兵、營地布署、整備建軍的最終成果。

因著色列全營 12 支派這樣的「合一」和甘願被耶和華神&lt;**數點**&gt;出來的結果，所以這就讓耶和華神非常的喜悅，因此，著名的大祭司禱告就在本段妥拉出現，這乃是因著以色列各支派的「合一」所帶來的「祝福」，民數記 6:24-26：

『願耶和華賜福給你，保護 你。願耶和華使他的臉光照你，賜恩 你。願耶和華向你仰臉，賜你 平安。』

最後，&lt;**數點**&gt;篇這段妥拉以 12 支派給會幕一車又一車奉獻的大量供物作為高潮結束，這不僅象徵了以色列全營的「合一」，也具體的表達出，以色列各支派全體都『尊耶和華神為聖』，都順服在神的權柄之下，成為一支「整齊劃一」的耶和華神的軍隊。

民數記 **No.2** 妥拉 **<數點/提升>** 篇（**פרשת נשא**）

經文段落:《民數記》4:21 - 7:89
先知書伴讀:《士師記》13:2 -25
詩篇伴讀: 67 篇
新約伴讀:《路加福音》1:5-25、《使徒行傳》21:17-26

# 一、 <數點 與 提升>

民數記第二段妥拉標題<**數點**>。經文段落從民數記 4 章 21 節到 7 章 89 節。
<**數點**>這個標題，在民 4:21-22：

『耶和華曉諭摩西說：
你要 **連同他們**，照他們的家室、照他們的宗族，來 **數點** 革順子孫的人頭。』

וַיְדַבֵּר יְהוָה אֶל-מֹשֶׁה לֵּאמֹר
**נָשֹׂא** אֶת-רֹאשׁ בְּנֵי גֵרְשׁוֹן **גַּם-הֵם** לְבֵית אֲבֹתָם לְמִשְׁפְּחֹתָם

這段妥拉的標題: <**數點**>(**נָשֹׂא**) 就是希伯來經文 4:22 的第一個字，這個字(**נָשֹׂא**)
就是民數記第二段妥拉的標題。

在上面 4:22 這節經文當中，有一個詞組叫 (**גַּם-הֵם**)，中文翻譯就是「**他們也**」，
或「**連同他們一起**」的意思。

這個詞組的出現是在表明，雖然前面在民數記第四章開頭一開始提到的是「**哥轄**」
子孫，他們所負責、經管的東西，是會幕裡面至聖所和聖所的「至聖之物」，因
此，哥轄族的人先是被<**數點**>出來。

但，利未支派的另外兩族，並沒有被忽略掉，他們也被<**數點**>出來，因此經文
才特別表明，「**革順**」家族，以及經文稍後所提及的「**米拉利**」家族，「**連同他們
一起**」也要被<**數點**>進來，因為他們也「一同肩負-承擔」了照護、守衛會幕的
「榮耀職分」，儘管所管理-經手的物件不同，但是這個職分沒有高低之別，每一
個人的工作都是「同等重要」的。

『革順人各族 所辦的事、所抬的物乃是這樣：他們要抬 **帳幕的幔子** 和 **會幕**，並 **會幕的蓋** 與 其上的**海狗皮**，和 會幕的**門簾**，院子的 **帷子** 和 **門簾**（院子是圍帳幕和壇的）、**繩子**，並所用的器具，不論是做甚麼用的，他們都要經理。』民 4:24-26

「米拉利」家族所負責的項目，在民 4:31-32：『他們辦理會幕的事，就是抬帳幕的 **板、閂、柱子**，和 **帶卯的座**，院子四圍的**柱子** 和其上 **帶卯的座、橛子、繩子**，並一切使用的器具。』

所以，簡單整理一下，利未支派三個家族，在會幕所負責的各自業務：

1. **革順** 家族，負責會幕裡一切關於「布料」的物件:包括頂蓋、罩棚、帳幕等等。
2. **哥轄** 家族，監管會幕「至聖所和聖所」裡面的一切器具，像是約櫃、金燈台、陳設餅桌、金香壇等。
3. **米拉利** 家族，管理所有「會幕外部」的木製物件、及繩索類的東西。

回到這一段妥拉的標題:<**數點**>(אשׂנ)，這個希伯來字本身的含意為<**提升-拉高**>。所以，如果按著<**提升-拉高**> 的這個涵義，來理解民數記開篇頭幾章，耶和華神對以色列百姓做的大規模、全面性的<**數點**>工作所具有的深刻意涵，那就會更清楚了。

因為，
第一、 耶和華神<**數點**>以色列百姓的最終目的，其實就是要裝備他們，<**提升**>他們，<**拉高**>他們，是為了要讓他們每一位都可以前進<**上行**>，是有能力可以過約旦河，最後「進入」應許之地的，只要他們都信靠耶和華神的話。

第二、神之所以要以色列全會眾、全體百姓，當中的每一個成員，都要被<**數點**>出來，用意是要使他們都被放在「**對的位置**」上、都是被安置在「**正確的軌道**」上、每一個人都是按著「**神的法則-次序**」行走在神的真理和法度上。

第三、因為唯有如此，以色列全營才能在一個「**整齊劃一**」，或者說「**合一**」的狀態下，繼續「前進-上行」，才能為著過約旦河，進入迦南地的征戰做好萬全的準備。

這也就是為什麼民數記開篇，經文花這麼大的篇幅來講述「數點、徵兵和營地布署」的事宜，因為來到民數記，以色列的行程要進入到下個階段，準備要「拔營-起行」，離開西奈山，「整裝待發」往應許之地「前進」，只是「前進-上行」之前須要做好萬全的準備。

是的，我們也可以這樣來問自己，在我們人生的道路中，是不是已經清楚知道，自己被神<數點>出來了，已經進入到神所給我們各人的「命定-計畫」當中，是按著「神的法則-次序」，行走在「正確的道路」上，還是，我們還在過著虛無、沒有定向、無意義的人生，浪費時間？

## 二、 與「五旬節」的對應

在民數記第一段妥拉<在曠野>，以及第二段妥拉 <數點>，這兩段妥拉，經文都花了很大的篇幅在<數點-計算>。

<在曠野>篇當中，摩西和亞倫<數點-計算>十二支派 20 歲以上能受「新兵訓練-出去打仗」的男丁，以及利未支派三個族:革順、哥轄、米拉利。到第二段妥拉<數點>篇仍繼續<數點-計算>的工作，接續利未支派剩下的兩族，也就是革順子孫、和米拉利子孫 30-50 歲能辦理會幕搬運事宜的人。

<數點-計算>全營的人口，目的是為了「預備上行」(Aliya, עֲלִיָּה)，預備進入迦南地，得地為業所做的「行前 (軍事) 整備」。

以色列營隊「整齊劃一、秩序嚴謹」的布署這絕對是必要的，不管是在「紮營」，或「起行-大部隊的行進」間，都需要嚴防外部的敵人來犯，因為慘痛的教訓仍記憶猶新: 以色列百姓出埃及沒多久，就受到亞瑪力人的「突擊-偷襲」。

因此，翻開民數記前面兩段的妥拉，我們會看到經文花了許多的篇幅，鉅細靡遺地在講述人口數點、徵兵、營地布署等等的事宜，等到「上行-前進」迦南地的「營隊布署」相關事宜都預備好以後，直到民數記第三段妥拉，正如標題本身所標示的 <燃起-上行>，經文才說:

『第二年二月二十日，雲彩從法櫃的帳幕收上去。以色列人就按站往前行，**離開西奈的曠野**，...這是他們照耶和華藉摩西所吩咐的，**初次往前行。**』民 10:11-13

另外要說的是，昔日猶太的聖哲們注意到，「**妥拉分段**」的**讀經循環**，常常會有**與**「**節期**」彼此呼應的對照關係。

以<數點-計算>為主要內容的民數記前兩段妥拉，在妥拉讀經循環的時間上，總是會遇上「五旬節」。一般來說，民數記第一段妥拉<在曠野>常常是在「五旬節」前閱讀，<數點>篇的讀經有時候會和五旬節重疊或之後。

而有意思的是，五旬節也是一個以<數點-計算>著稱的節期，它是耶和華的節期中，唯一一個明訂需要去<數點-計算>的節期，也就是數俄梅爾，

但是，五旬節的這個<數點-計算> 有什麼重要性？ <數點>的含意-寓意是什麼？這恰好就可以從五旬節所對應的 民數記 前兩段妥拉 的內容找到亮光。

回到民數記，我們說，如果 以色列全體百姓沒有「完全順服」神的主權，那麼「大規模」的全營人口普查、男丁徵召，以及營地(軍事)布署些事情是不可能成就的。

但是，當一個人，被這位「萬軍之耶和華」神 (יְהוָה צְבָאוֹת) <數點-呼召> 出來的時候，他應該是會感到榮耀的，因為我被上帝「看重-揀選出來」被賦予使命，所以我會「完全順服」按照神所指示-吩咐的一切來實踐-執行、來過「聖潔-征戰得勝」的生活。

這也正是耶和華神在民數記前三段妥拉中所顯明的心意，神要我們「征戰得勝」，但前提是: 我們必須要將「主權歸給」祂，按照「祂的次序」而行。

所以，再回到 五旬節，猶太人又稱為「妥拉降示節」(מַתַּן תּוֹרָה)。因為當以色列百姓出埃及，來到曠野生活的 49 天後，來到西奈山下，在第 50 天看到耶和華神權能-威嚴的彰顯時，他們每個人都心甘情願地，願意『將自己生命的所有主權交給耶和華神』，並且說:

『凡耶和華所說的，**我們都要遵行。**』出埃及記 19:8

來到新約，在耶穌復活後，和門徒們相處的最後 40 天，耶穌也正和門徒們一起<數算>俄梅爾，他們天天<數點-計算>著日子，期待著「五旬節」的來到，因為那是一個紀念耶和華神在西奈山，首度向一個特定的信仰社群「威嚴的顯現」，以及以色列百姓也願意「完全獻上」的節期，是一個『充滿大能、得著神的能力』的節期。

很有可能，在耶穌升天前，祂也正和門徒們讀著民數記第一段妥拉<在曠野>篇，然後耶穌升天後，門徒們留在耶路撒冷聚集，繼續讀著第二段<數點-提升>的妥拉，接著五旬節來到，也就在同時間，門徒經歷神聖靈的澆灌，「**得著裝備的能**

力」，就再一次將自己生命主權「**完全歸給**」父神耶和華，然後就帶著福音的大能，「拔營-起行」，離開耶路撒冷，出去征戰，展開救贖歷史，「得人-得靈魂為業」的「上行」之路。

所以把民數記第三段妥拉<燃起-上行>篇，當中的民 10:12-13 這兩節具有代表性的經文改一下，就變成：

『門徒們就按站往前行，離開耶路撒冷的錫安山，……這是他們照父神耶和華藉愛子耶穌所吩咐的，初次往前行。』

<**數點-計算**>自己的日子是很重要的，因為我們常常會很容易地浪費時間、虛度光陰，那是因為我們沒有認真<**數算**>自己的日子。然而當我們知道自己的壽命和時間「所剩無幾」時，我們反而會開始「珍惜」每一天過的時間和日子，分秒必爭，詩篇 90:12：

『求你指教我們怎樣<**數算**>自己的日子，

好叫我們得著智慧的心。』

願我們每一個人都是被神<**數點**>出來的神國精兵，並且都著按照「神的次序」而行，為主打那美好的仗。

## 三、 全營「成為聖潔」

民數記前面四章的經文花了很多的篇幅和內容，記載耶和華神來給以色列百姓做「全面整備」的工作，這些工作包括:數點百姓、徵兵、營地佈署、以及利未支派三個家族的會幕分工等等。

這些「預備」工作是很重要的，因為耶和華神正在把以色列百姓「訓練-建造-裝備」成一支有次序、有紀律、而且是「整齊合一、神聖榮耀」的耶和華軍隊，這支軍隊，正準備要「前進-上行」，為著過約旦河，進入應許之地而征戰-奮鬥。

一到四章的經文講完數點、徵兵、營地布署的內容之後，接下來，第五章開頭，一開始的前三節經文，我們看以看做是對前面四章經文的內容所做的一個，**最重要的總結**，民 5:1-3：

『耶和華曉諭摩西說:「你吩咐以色列人,使一切長大痲瘋的,患漏症的,並因死屍不潔淨的,都出營外去。無論男女都要使他們出到營外,免得污穢他們的營;這營是我所住的 (אֶת-מַחֲנֵיהֶם אֲשֶׁר אֲנִי שֹׁכֵן בְּתוֹכָם)。」』

民 5:3 的經文最後一句話,中文和合本聖經翻譯為『這營是我所住的』,如果直接按原文直譯就是:

『這營就是 我所住在「他們」當中 的。』
אֶת-מַחֲנֵיהֶם אֲשֶׁר אֲנִי שֹׁכֵן בְּתוֹכָם

(אֲנִי שֹׁכֵן בְּתוֹכָם) 這個句子令我們想起出埃及記 25:8 的經文:

『又當為我造聖所,使我可以住在「他們」當中。』
וְעָשׂוּ לִי מִקְדָּשׁ וְשָׁכַנְתִּי בְּתוֹכָם

這裡,民 5:3 和出埃及記 25:8,這兩節的經文都清楚地表明:耶和華神「不是只有」把會幕-聖所看成是聖的,神對「聖潔-神聖」的「領域和範圍」乃是擴及以色列「全營」,也就是以色列百姓「所居住的環境」,就如同前文在民數記 5:3 讀的經文:『這營就是我耶和華神所住的』,或者,再更進一步講,耶和華神不只住在營中,**神其實是要「住在」以色列百姓『他們每個人的身心靈』之中。**

但是,要讓聖潔的神可以「**住在**」百姓當中,百姓就必須要「**自潔**」,或者說,就必須要維持以色列「全營」的聖潔。

維持「營地的聖潔」其實就是維持以色列全營運作的「系統和次序」正常,因為這個營地的「**運轉核心**」就是位在營地正中央的「**會幕**」,也就是神的居所和同在的神聖場域和空間。

也就是說,**當以色列百姓「自潔」的時候,神就會「住在」以色列「全營」當中,當有神在營地中間「坐鎮-指揮」的時候,以色列四個營各支派的活動和運作就能彼此協調,全營是處在一個「整齊劃一」的狀態,可以很順利地繼續前面,前進迦南地的征戰之路。**

但是如果當百姓們「不相信」耶和華神,或者說小信,營中有爭鬧、抱怨、分裂,或是有犯罪、淫亂、拜偶像的事情發生,那這個時候,以色列全營就會「自亂陣腳」,陷入「混亂失控」的局面,譬如像是:探子事件、可拉叛黨、銅蛇事件等等。

**當污穢、不潔淨、爭鬧、抱怨等「罪惡」的事情發生在「以色列全營」當中時,**

**不僅會失去耶和華神的「同在-保守-護衛」，還會引來耶和華神的降災-懲罰**，使得以色列大部隊上行，前進迦南的「進度」會受到嚴重的「拖延和延遲」，這就是為什麼後來以色列百姓會在曠野漂流 40 年這麼長的時間的主要原因。

『豈不知你們是 神的殿，神的靈 住在你們裡頭 嗎？
若有人毀壞神的殿，神必要毀壞那人；
因為神的殿是聖的，**這殿 就是你們**。』哥林多前書 3:16-17

是的，願我們每一位都是被神<**數點**>出來，願意被神來<**提升**>的人，並且按著神的真理、法則、心意、次序去行，這樣，「聖潔」的主才會「住在」我們當中，使祂在我們每一位身上、生命中所命定的計畫和旨意都「能夠被成就」。

# 四、 大祭司的禱告

「**大祭司的禱告 (בִּרְכַּת כֹּהֲנִים)**」是大家耳熟能詳的禱告文，有些教會在禮拜要結束，最後都會由牧師上來，為大家祝禱，這個祝禱的內容，就是民 6:24-26 的經文：

『願耶和華賜福給你，保護你。
願耶和華使他的臉光照你，賜恩給你。
願耶和華向你仰臉，賜你平安。』

上面這三節經文，就是大祭司亞倫的禱告，回到經文的脈絡來看，大祭司的禱告出現的地方，是順著前面民數記第一到第四章，耶和華神為以色列全營做完「整備-建軍」的預備工作之後才出現的。

這就表示說，在以色列全營做好所有百姓數點、徵兵和營地布署的工作之後，準備要「拔營-起行」，離開西奈山之前，最後，耶和華神透過大祭司亞倫來做一個**「行前」的祝福和禱告**，因為在邁向前方，挺進迦南地的曠野之路，或許將會『有挑戰、有困難、甚至有征戰』，這趟「上行」的旅途充滿許多的「未知」。可是，不用害怕，因為現在，在你們以色列百姓要出發之前，耶和華神要為你們以色列祝福，這個祝福，正好就是「大祭司的禱告」。

這個，就是大祭司的禱告在民數記經文「發展脈絡」裡面出現的地方，它就像是

一個「**行前**」的祝福，或是在人生中，準備要進入到下一個重大「轉換」時刻的祝福，譬如說，現在的以色列，猶太人在「棚子(**חוּפָּה**)」舉行結婚儀式的時候，會有人或是拉比，用大祭司的禱告，為這對新人祝福禱告。

回到大祭司禱告的經文本身，來看希伯來文會比較清楚，民 6:24-26：

יְבָרֶכְךָ **יְהוָה** וְיִשְׁמְרֶךָ

יָאֵר **יְהוָה** פָּנָיו אֵלֶיךָ וִיחֻנֶּךָ.

יִשָּׂא **יְהוָה** פָּנָיו אֵלֶיךָ וְיָשֵׂם לְךָ שָׁלוֹם

這三節經文，從希伯來文的「字數」來看，堆疊的很工整，是以 3-5-7 的方式「逐漸累計」上去的，

24 節的 (יְבָרֶכְךָ **יְהוָה** וְיִשְׁמְרֶךָ) 是 三 個字，

25 節的 (יָאֵר **יְהוָה** פָּנָיו אֵלֶיךָ וִיחֻנֶּךָ) 是 五 個字，

26 節的 (יִשָּׂא **יְהוָה** פָּנָיו אֵלֶיךָ וְיָשֵׂם לְךָ שָׁלוֹם) 有 七 個字。

大祭司禱告的希伯來經文，「字數」分別是以「三、五、七」的方式所疊加上去。禱詞的最後一句，也就是 26 節的字數是「**七**」，這絕非偶然，因為「**七**」這個數字，正好是代表耶和華神的『**神聖、完全、創造、主權、誓約、盟約**』。

24、25、26 這三節經文，每一節都一定會出現的一個非常重要的字，清楚地到告訴我們，那位能夠「保護」我們、「賜恩」給我們、讓我們保有「平安」的那一位「是誰」，是耶和華神，是這一位和亞伯拉罕-以撒-雅各立約的上帝，祂就是「亞伯拉罕-以撒-雅各」的神: **耶和華 (יְהוָה)**。

另外，在大祭司的禱告中，每一節的經文，都很清楚地告訴我們，耶和華神所保護的對象，是「**你**」，在希伯來經文中，這個「**你**」的受詞，都是以一個「**陽性單數**」的型態，被直接放在動詞、和介係詞的後面，24、25、26 這三節的經文中，這個「**你**」都各出現了兩次。

這似乎在強調，耶和華神所要保護的對象，是以色列全營當中的「**每一個人**」，或者說的更清楚一點，就是那些被<**數點**>出來，20 歲以上，要出去「**征戰-打仗**」，保護以色列的這些男丁，他們當中的每一個人，都是耶和華神所要「**保護-守衛**」的對象。

最後，我們來看大祭司的禱告，在這個祝福禱告中的「功效」有哪些？ 也就是在這個祝禱當中，耶和華神會為我們「做」什麼，給我們帶來什麼？

25

再來讀一次大祭司的禱告，民 6:24-26：

『願 耶和華 賜福給你，**保護** 你。
願 耶和華 使他的臉光照你，**賜恩** 你。
願 耶和華 向你仰臉，賜你 平安。』

在禱詞中，提到願耶和華神，第一個要來「**保護**」你、第二個要賜「**恩典**」給你，第三個要賜你「**平安**」。所以在大祭司禱告中，三個來自耶和華神「最重要的祝福」項目就是: 保護 (protection)、 恩典 (Grace)、和平安 (Peace)。

最後，大祭司的祝禱結束後，民 6:27 的經文接著說:

『他們(摩西-亞倫) 要如此奉 **我的名** 為以色列人祝福
直譯: (要把 **我的名** 安置在以色列人身上)；
我也要賜福給他們。 』

וְשָׂמוּ אֶת-**שְׁמִי** עַל-בְּנֵי יִשְׂרָאֵל
וַאֲנִי אֲבָרֲכֵם

從希伯來經文直接翻譯前半句話是說，他們『**要把<我的名>安置在以色列人身上**』，英文是 **Let them place "My Name" upon the Children of Israel**.

把耶和華神的「聖名」安置在、鑲嵌在百姓的身上，在你我的身上，這是何等大的榮耀和恩寵。

**把神的名「放在」我們的生命中**，同時也是讓我們清楚知道，我們生命的「**主權歸屬**」，**我們各人的生命乃是「屬於神」的**，所以我們理應是要按著「神的心意」、按著「神的計畫」，來「奔走-前行」我們人生前方的道路，雖然前方道路是「未知」，但是有神的應許和同在，就不會害怕和膽怯。

就像此時的以色列百姓一樣，他們準備要「離開」這個駐紮好幾個月，是「已經熟悉」的西奈曠野，但是他們「不能停滯」在這裡，正好相反，他們要繼續前面「征戰-上行」的「進入應許地」的道路。

在以色列要「拔營-起行」之前，耶和華神透過「大祭司的禱告」來祝福他們，祝福他們「每一個人」，都能一同享有神的護衛、恩典，和平安。

五、 全營的「合一」

> 『當天，以色列的眾首領，就是各族的族長，**都來奉獻**。
> 他們是 **各支派的首領**，管理那些被數的人。
> 他們把自己的供物 **送到耶和華面前**，就是六輛篷子車和十二隻公牛。
> 每兩個首領奉獻一輛車，每首領奉獻一隻牛。
> 他們把這些 **都奉到帳幕前**。』民 7:2-3

回到這一段妥拉的標題<數點>，正如本段妥拉內容所講述的，來到民數記第七章，以色列全體百姓又進入一個新的里程碑，以色列全營的<數點>和徵兵，以及營地布署完成了、以色列的部隊得到「**全面升級**」、十二支派，再加上利未三族 (哥轄、革順、米拉利) 也達成了空前的「**團結合一**」與「**全面對齊**」。

要知道，能夠讓以色列 12 支派「統一」，這其實不是件容易的事，雅各的 12 個兒子畢竟是由四個不同的女人所生的，我們也沒忘記約瑟和哥哥們的恩恩怨怨的故事。但如今，他們後代子孫都放下過往「盡釋前嫌」，為著以色列「全體」的呼召和使命，彼此「合一」。

因著 12 支派「**全營合一**」、每個支派滿 20 歲以上的男丁都願意被<數點>出來，貢獻各支派自己的人力，來「**共同保護**」以色列全營，也「**一起護衛**」營地中間的會幕和利未人，12 支派願意共同齊心<向上>、「**完全順服**」耶和華神的主權，並且達到全面<提升>的狀態，這段妥拉的標題<數點>(נשׂא) 這個希伯來字本身也是<提升-拉高>的意思。

所以，因著以色列「全體的合一」，「大祭司的祝福」禱告(民 6:24-26) 就出現在民數記第二段妥拉的<數點>篇，因為以色列全體百姓為了「成聖-上行」前進應許地而願意「完全順服」神的權柄，使得「各支派的合一」能被成就，這件事讓耶和華神非常喜悅，所以耶和華神，要亞倫這樣來為以色列祝福：

> 『願 **耶和華** 賜福給你，**保護** 你。
> 願 **耶和華** 使他的臉光照你，**賜恩** 你。
> 願 **耶和華** 向你仰臉，賜你 **平安**。』

同樣也因著 **12** 支派「**全營的合一**」、願意共同齊心<向上>，達成前所未有的團結與榮耀，所以這一段妥拉的最後一章，民數記的第七章，經文花了「如此宏大」、長篇鉅作的篇幅，來鉅細靡遺地，一一地細數每個支派，每一天，所帶到會幕前

獻上的供物，也就是 **12** 支派，共十二天，**所獻上的一切所的供物**。

如果我們從民數記的開頭，第一章一直到第七章講到各支派的「齊心奉獻」的經文發展脈絡看下來，那麼我們可以發現到一個很重要的真理，那就是：

當我們都按著 神的「**次序-法則**」 而行，按部就班、各就各位，**對齊神** 的時候，那麼神的 **祝福、應許**，祂所賞賜的 **平安** 以及 **護衛** 就會臨到，然後，全體百姓也就會甘心樂意，願意奉獻，「**同心合一**」的為著神國效力，**使神的工作得以成就和實現**。

這就是民數記第二段妥拉<**數點-提升**>篇最後一個段落，民數記第七章所描繪出來的這個「團結合一」的「榮耀盛大」的景象。

是的，一個信仰社群，也就是教會，所有的弟兄姊妹若要達到彼此「真正的合一」，教會若要能夠讓神的工作得以實現，被成就出來，那麼，有一個很重要的、而且是一個必要的前提，就是：

每一個人都要願意被神<**數點**>出來，成為神國的營隊、精兵，而且要 **完全按照「神的心意、法則和次序」來行**，這個，就是民數記開篇所描述的事情，所要教導給我們的 一個很重要的信仰的功課和真理。

## 問題與討論：

1. 這一段妥拉的標題<**數點**> (**נְשֹׂא**) 這個希伯來字的「原來的含意」為何？ 如果按著這個標題原始的含意來理解民數記開篇頭幾章: 耶和華神對以色列百姓做的大規模、全面性的<數點>工作，可以帶出什麼樣讀經的亮光？

2. 以<**數點-計算**>為主要內容的民數記前兩段妥拉<在曠野>篇、<數點>篇，在妥拉讀經循環的時間上，總是會遇上「**五旬節**」。而五旬節也是一個以<**數點-計算**>著稱的節期，它是耶和華的節期中，唯一一個明訂需要去<**數點-計算**>的節期，也就是數俄梅爾。要問的是: 民數記前兩段妥拉<在曠野>、<數點>篇的經文內容和五旬節這個節期的主題有著什麼樣的「對應」關係？

3. 「**全營成為聖潔**」是什麼意思？ 耶和華神為什麼要以色列百姓「**全營成為聖潔**」？ 「**全營成為聖潔**」可以帶來什麼樣的助益和功效？

4. 從經文脈絡發展來看，「**大祭司的禱告**」出現的地方，是順著前面民數記第一到第四章，耶和華神為以色列全營做完「整備-建軍」的預備工作之後才出現的，所以這個禱告，主要是「為著什麼」來禱告的？ 另外「**大祭司的禱告**」從希伯來原文來看，來分析它的結構，有何特別之處？

5. 本段妥拉的最後，描繪出一幅以色列各支派「團結合一」的「榮耀盛大」的景象。民數記第七章的經文為什麼要花費宏大、長篇鉅作的篇幅，來鉅細靡遺，一一地細數每個支派，每一天，所帶到會幕前獻上的供物，這麼樣「大量重複」的經文格式到底想要表達「什麼信息」？

# 民數記 No.3 妥拉

# <燃起/上行>篇 (פרשת בהעלתך)

## 本段妥拉摘要:

民數記第三段妥拉,標題<燃起-上行>篇,希伯來文(בהעלתך)。本段妥拉正如其標題所揭示的,是以色列百姓準備要「拔營-上行」,要「離開」這個已經駐紮將近一年之久的西奈曠野,要邁向下一個旅途和行程,也就是要向迦南地前進。所以「在行前」,耶和華神做了最後的準備工作,首先是民數記第八章吩咐亞倫要常常<點燃>聖所裡金燈台的燈,<點燃>燈台其實就是象徵<點燃>靈性的光輝,也就是讓神自己(神的話),成為以色列百姓「前行」的嚮導和指南,帶領百姓走在正確的道路中。

第二個<上行>的行前預備工作,就是吩咐以色列百姓,要注意「神榮耀的雲彩」,因為這個雲彩,是決定以色列全營「何時紮營」,「何時起行」的唯一指標,就是民 9:22 所說:『雲彩 停留在帳幕 上,無論是兩天,是一月,是一年,以色列人就 住營不起行;但 雲彩 收上去,他們就 起行。』

第三個<起行>的預備工程,是耶和華神給以色列百姓設立的一個「國防警報-資訊布達」的預警系統,就是民 10:1-10 提到的兩隻銀號的打造,和幾個「吹號」的設定,民 10:1-2,9:『耶和華曉諭摩西說:你要用銀子做兩枝號,都要錘出來的,用以招聚會眾,並叫 眾營起行。你們在自己的地,與欺壓你們的敵人 打仗,就要用號吹出 大聲,便在耶和華-你們的上帝面前 得蒙紀念,也 蒙拯救脫離仇敵。』

最後,以色列百姓要離開西奈曠野之前,摩西給全體百姓做了一個信心滿滿的「征戰禱告」,民 10:35-36:『約櫃往前行 的時候,摩西就說:「耶和華啊,求你興起!願你的仇敵 四散!願恨你的人從你面前 逃跑!約櫃停住 的時候,他就說:「耶和華啊,求你回到 以色列的千萬人 中!」』

# 民數記 No.3 妥拉 <燃起/上行> 篇（**פרשת בהעלתך**）

經文段落:《民數記》8:1 - 12:16
先知書伴讀:《撒迦利亞書》2:10 - 4:7
詩篇伴讀: 68 篇
新約伴讀:《哥林多前書》10:6-13、《啟示錄》11:1-19、《腓立比書》2:1-18

## 一、 <燃起-上行>

民數記第三段妥拉標題<燃起-上行>。經文段落從民數記 8 章 1 節到 12 章 16 節。
<點燃-燃起>這個標題，在民 8:1-2 當中：

> 『耶和華曉諭摩西說：你告訴亞倫說：
> **點** 燈的時候，七盞燈都要向燈臺前面發光。』

וַיְדַבֵּר יְהֹוָה אֶל-מֹשֶׁה לֵּאמֹר. דַּבֵּר אֶל-אַהֲרֹן וְאָמַרְתָּ אֵלָיו:
**בְּהַעֲלֹתְךָ** אֶת-הַנֵּרֹת אֶל-מוּל פְּנֵי הַמְּנוֹרָה יָאִירוּ שִׁבְעַת הַנֵּרוֹת

這段妥拉的標題: <**點燃-燃起**> (**בְּהַעֲלֹתְךָ**) 就是希伯來經文民 8:2 的第六個字，這
個字(**בְּהַעֲלֹתְךָ**) 就是民數記第三段妥拉的標題。

首先，來看這個標題 (**בְּהַעֲלֹתְךָ**)，這個字裡面所具有的這一個動詞字幹 (**הַעֲלָה**)，
意思是「**使...升起**」、「**使...提高**」的意思，因為這個字幹裡面的「字根」就是(**עָלָה**)，
意思是「**上行-爬高**」。

所以，按著這個意思來重新理解這一段妥拉的標題(**בְּהַעֲלֹתְךָ**)，那它更確切的含
意，應該是 使 燈 得以<**點燃-燃起**>，或者，從屬靈涵義來說，就是使亞倫所點
的這個金燈台的靈性之燈，可以帶領以色列百姓，**使** 他們的靈命可以 <**提升-
升高**>，這樣才能繼續前面前進迦南的<上行>之路。

這也就是為什麼這一段標誌著以色列百姓準備要<**拔營-起行**>的民數記第三段妥
拉<**燃起-上行**>篇，它一開始會「首先」提到<**點燃**>金燈台，使金燈台的靈性之
燈<**燃起**>的內容的原因了。

因為，這個金燈台的燈，就代表著「**指引-照明**」以色列營隊前面<上行>路途的「**方向燈**」一般，其實這個燈，就是代表神自己，代表 **神的話**，如果我們看詩篇，裡面有很多內容都是在描述和譬喻，神的話像是「**光**」，像是「**啟示、明燈**」的經文，例如：

『祢的話 是我腳前的 **燈**，是我路上的 **光**。』詩篇 119:105

נֵר-לְרַגְלִי דְבָרֶךָ וְאוֹר לִנְתִיבָתִי

『祢的言語 一解開，就發出 **亮光**，使愚人通達』詩篇 119:130

פֵּתַח דְּבָרֶיךָ יָאִיר מֵבִין פְּתָיִים

『耶和華的命令 清潔，能 **明亮** 人的眼目。』詩篇 19:8

מִצְוַת יְהוָה בָּרָה מְאִירַת עֵינָיִם

『因為 **誡命** 是 **燈**，法則 (妥拉) 是 **光**，
訓誨的責備是生命的道。』箴言 6:23

כִּי נֵר מִצְוָה וְתוֹרָה אוֹר
וְדֶרֶךְ חַיִּים תּוֹכְחוֹת מוּסָר

上面讀的這幾節經文，讓我們清楚看到，**神的話，就是燈、就是光，是我們最清楚明亮的「指引-帶領」。**

所以，當以色列百姓「拔營-起行」、「搬遷-移動」的時候，他們唯一的引導和帶領，就是耶和華神，或者，更具體地說，就是會幕，這個「神同在」的居所和神聖空間。

而透過耶和華神吩咐亞倫 <**點燃-燃起**> 金燈台上面的燈的這個動作，也是來實際地告訴以色列百姓，整個以色列的全營，也包括會幕，需要 **這個象徵代表「神話語」的金燈台的「靈性之光」來「照亮」。**

『你要吩咐以色列人，把那為點燈搗成的清橄欖油拿來給你，
**使燈常常點著。(לְהַעֲלֹת נֵר תָּמִיד)**
在會幕中法櫃前的幔外，亞倫和他的兒子，
**從晚上到早晨，要在耶和華面前 經理 這燈。**
這要作以色列人 **世世代代 永遠的定例。**』出埃及記 27:20-21

在出埃及記的這段經文中，我們看到，**金燈台的燈，乃是要「常常」點著、「天**

天」點著。

是的，在我們人生的道路上，其實就像是在民數記裡面的以色列百姓，雖然是<在曠野>，但是如果我們天天，都能夠<點燃-燃起>「神話語」的靈性之光，在我們的生命旅途中，就不會徬徨迷惘，走迷了路，或者是走差了路。

如果你是一個正準備要「拔營-起行」，往人生的下一個旅程「前進」的人，那請先檢查一下，你的金燈台的燈有沒有<點燃>，還有沒有「**純淨的**」橄欖油可以<點燈>。

## 二、 雲彩「收上去」

神是我們人生道路最好的「指引者」、最棒的「嚮導」，祂有最美好的計畫和藍圖，所以要『 **讓神走在我們前頭，在前面帶領** 』；而不是自己走在神的前面。

正如以色列百姓<在曠野>的路途，**他們要「完全遵照」耶和華神的吩咐「住營安營-拔營起行」**，要讓神榮耀的雲彩「親自帶領」百姓前面的道路；但正如我們後來在民數記裡看到的，百姓時常想要「自己決定」前面的道路。

前文提過,本段妥拉的標題 <燃起/上行> 來自民 8:2 的 <點燃> (**בְּהַעֲלֹתְךָ**) 燈。」<點>燈的<點燃-燃起>的這個不定詞，它的動詞字根為(**עלה**)，希伯來文原意有「使...升起」、「使...上行」的意思，代表一個「提高、上升」的動作。

而這個作為 <升起-上升> 的字根 (**עלה**) 在這段妥拉民數記 **第 9 章 15-23 節** 這段經文中頻繁地出現，因為這段經文正好是講述到，以色列百姓的<拔營-起行>必須「要完全根據」神榮耀「雲彩的升高」才能有所行動。來看民 9:17, 21-22 希伯來文的經文，看到有(**עלה**) 這個字根的詞都把它用粗體字標示出來：

17 וּלְפִי **הֵעָלוֹת** הֶעָנָן מֵעַל הָאֹהֶל וְאַחֲרֵי כֵן יִסְעוּ בְּנֵי יִשְׂרָאֵל וּבִמְקוֹם אֲשֶׁר יִשְׁכָּן-שָׁם הֶעָנָן שָׁם יַחֲנוּ בְּנֵי יִשְׂרָאֵל. 21 וְיֵשׁ אֲשֶׁר-יִהְיֶה הֶעָנָן מֵעֶרֶב עַד-בֹּקֶר **וְנַעֲלָה** הֶעָנָן בַּבֹּקֶר וְנָסָעוּ אוֹ יוֹמָם וָלַיְלָה **וְנַעֲלָה** הֶעָנָן וְנָסָעוּ. 22 אוֹ-יֹמַיִם אוֹ-חֹדֶשׁ אוֹ-יָמִים בְּהַאֲרִיךְ הֶעָנָן עַל-הַמִּשְׁכָּן לִשְׁכֹּן עָלָיו יַחֲנוּ בְנֵי-יִשְׂרָאֵל וְלֹא יִסָּעוּ **וּבְהֵעָלֹתוֹ** יִסָּעוּ

民 9:17, 21-22：

『雲彩幾時從帳幕「**收上去**」(**הֵעָלוֹת**)，以色列人就幾時起行。民 9:17』『有時從晚上到早晨，有這雲彩在帳幕上；早晨雲彩「**收上去**」(**נַעֲלָה**)，他們就起行。有時晝夜雲彩停在帳幕上，「**收上去**」(**נַעֲלָה**) 的時候，他們就起行。民 9:21』『雲彩停留在帳幕上，無論是兩天，是一月，是一年，以色列人就住營不起行；但雲彩「**收上去**」(**בְּהֵעָלֹתוֹ**)，他們就起行。民 9:22』

上面這段經文強烈地表達出一個訊息，就是: 只有當神榮耀的雲彩<升起-上升>時，以色列百姓才能拔營<起行>，繼續前進。

為了更加強調出這一主題和信息，在民 **9** 章 **15-23** 節 這段經文中，除了<升起-上升>的字根 (**עלה**) 常常出現之外，這段經文還用了妥拉修辭裡面經常出現的「**一詞七現**」的格式，一個詞組重複出現「七次」在一段經文的敘事中，這個一詞七現的詞組就是: 『**遵照耶和華的吩咐。**』希伯來文就是(**עַל-פִּי יְהוָה**)

民 9:18, 20 ,23 希伯來經文：

18 **עַל-פִּי יְהוָה** יִסְעוּ בְּנֵי יִשְׂרָאֵל וְ**עַל-פִּי יְהוָה** יַחֲנוּ כָּל-יְמֵי אֲשֶׁר יִשְׁכֹּן הֶעָנָן עַל הַמִּשְׁכָּן יַחֲנוּ. 20 וְיֵשׁ אֲשֶׁר יִהְיֶה הֶעָנָן יָמִים מִסְפָּר עַל-הַמִּשְׁכָּן **עַל-פִּי יְהוָה** יַחֲנוּ וְ**עַל-פִּי יְהוָה** יִסָּעוּ. 23 **עַל-פִּי יְהוָה** יַחֲנוּ וְ**עַל-פִּי יְהוָה** יִסָּעוּ אֶת-מִשְׁמֶרֶת יְהוָה שָׁמָרוּ **עַל-פִּי יְהוָה** בְּיַד-מֹשֶׁה

民 9:18,20,23 和合本中文聖經翻譯：

『以色列人 **遵耶和華的吩咐** 起行，也 **遵耶和華的吩咐** 安營。民 9:18』『有時雲彩在帳幕上幾天，他們就 **照耶和華的吩咐** 住營，也 **照耶和華的吩咐** 起行。民 9:20』『他們 **遵耶和華的吩咐** 安營，也 **遵耶和華的吩咐** 起行。他們守耶和華所吩咐的，都是 **憑耶和華吩咐** 摩西的。民 9:23』

前面我們看到，在民 **9** 章 **15-23** 節 這個「獨立敘事」裡面，講到以色列百姓「拔營-起行」的基本原則的這個段落，「**遵耶和華的吩咐**」(**עַל-פִּי יְהוָה**) 這個詞組重複出現七次。

耶和華神在民數記前兩段妥拉，也就是民數記第一到第八章當中，大費周章地對以色列全營實施『人口普查、全營徵兵、營地布署、軍事整備』，其目的就是要為了<上行>前進迦南地 做最萬全的準備。

是的，神的計畫和安排都是最有效率，都是最好的，所以祂要以色列百姓：

「**遵耶和華的吩咐**」(**עַל-פִּי יְהוָה**)  而行..

願我們每一個人，在一些重要的十字路口和決定上，都能選擇「順服神的旨意和帶領」，是讓「神榮耀的雲彩」在我們的前頭「領路」，而不是「偏行己路」，自己走在神的前面。

## 三、「國防警報」系統

民數記第三段妥拉<燃起-上行>，正如這個標題<燃起-上行>所標示的，本段內容講述以色列百姓在<拔營-起行>準備要離開西奈山前所做的「最後預備」工作。

這個最後的預備工作，其實也就是這段妥拉前半段的主要內容，包括民數記第八章所提到的要<點燃>金燈台的靈性之光，好讓以色列百姓全營、整個大部隊在行走的時候，有正確的「指引和帶領」，再來就是民數記第 9 章 15-23 節的雲彩，這個耶和華神榮耀的雲彩，會告訴以色列百姓「何時要」紮營，「何時要」拔營-起行。然後，就來到民數記 第 10 章 1-10 節 的「吹號」，這個我們說，是耶和華神給以色列全營所設立的一個「國防警報」的預警系統。

試著想像一下，在一望無垠廣闊無邊的沙漠中，摩西和亞倫要如何帶領 200 萬如此人數龐大的以色列人，摩西要如何來「指揮-召集」全營這麼大規模的部隊，或者說，在曠野行進的過程中，如果遭遇敵人「來犯-偷襲」時，以色列百姓應該要如何「立刻反應」做出防禦性的動作，這些所謂的「國防警報-資訊布達」的系統和網絡應該要如何建立起來，這個，就是民數記 第 10 章 1-10 節 所講述的重點內容，民 10:1-2：

> 『耶和華曉諭摩西說：
> 你要用銀子做 兩枝號，都要錘出來的，
> 用以 招聚會眾，並叫 眾營起行。』

> וַיְדַבֵּר יְהוָה, אֶל-מֹשֶׁה לֵּאמֹר.
> עֲשֵׂה לְךָ שְׁתֵּי חֲצוֹצְרֹת כֶּסֶף מִקְשָׁה תַּעֲשֶׂה אֹתָם
> וְהָיוּ לְךָ לְמִקְרָא הָעֵדָה וּלְמַסַּע אֶת-הַמַּחֲנוֹת

下面的經文，講得更仔細，就是說如果摩西有什麼重要且緊急的消息，是需要「當面」對「以色列全體百姓」公告的，那麼，這就會是像民 10:3 所講的：

35

『吹這 (兩隻) 號 的時候，
全會眾 要到你 (摩西) 那裡，聚集在會幕門口。』

 וְתָקְעוּ בָּהֵן
וְנוֹעֲדוּ אֵלֶיךָ כָּל-הָעֵדָה אֶל-פֶּתַח אֹהֶל מוֹעֵד

如果是摩西只想要「召集各支派的族長、首領或是部隊的指揮官」，摩西想和他們「一起開會」、討論一些重要的事情和決策的時候，那麼就只會單吹一支號，就是民 10:4 所說：

『若單吹 一枝，
眾首領，就是 以色列軍中的統領，要聚集到你那裏。』

וְאִם-בְּאַחַת יִתְקָעוּ
וְנוֹעֲדוּ אֵלֶיךָ הַנְּשִׂיאִים רָאשֵׁי אַלְפֵי יִשְׂרָאֵל

再來，如果遇到需要 以色列全營立刻「拔營-起行」，要迅速離開「駐地」的時候，摩西當然不可能挨家挨戶的去通知，或者是還要去召集各支派首領到會幕那裡，這都太浪費時間，最有效的辦法，就是民 10:5-6 所描述的：

『吹出 大聲 的時候，東邊安的營都 要起行。二次吹出 大聲 的時候，南邊安的營都要 起行。他們將 起行，必吹出 大聲。』

וּתְקַעְתֶּם תְּרוּעָה וְנָסְעוּ הַמַּחֲנוֹת הַחֹנִים קֵדְמָה. וּתְקַעְתֶּם תְּרוּעָה שֵׁנִית וְנָסְעוּ הַמַּחֲנוֹת
הַחֹנִים תֵּימָנָה תְּרוּעָה יִתְקְעוּ לְמַסְעֵיהֶם

在這段經文中，和合本中文聖經翻譯的「大聲」(תְּרוּעָה) 這個字，其實就是 吹角節 (יוֹם תְּרוּעָה) 的「吹角」這個希伯來字，在傳統猶太人吹號角的吹法中，這種所謂「大聲」(的吹法，指的是一種吹出一連「九個短音」，九個 staccato 的吹法。當吹角是以這種「九個短音」(תְּרוּעָה) 吹出來的時候，除了是以色列全營要迅速「拔營-起行」，「全面移動」大部隊的信號之外，這個所謂的「大聲」(תְּרוּעָה) 其實還更是一個「警報」，民 10:9：

『你們在自己的地，與欺壓你們的敵人 打仗，就要用號吹出 大聲，便在耶和華－你們的上帝面前 得蒙紀念，也 蒙拯救 脫離仇敵。』

וְכִי-תָבֹאוּ מִלְחָמָה בְּאַרְצְכֶם עַל-הַצַּר הַצֹּרֵר אֶתְכֶם וַהֲרֵעֹתֶם בַּחֲצֹצְרֹת
וְנִזְכַּרְתֶּם לִפְנֵי יְהוָה אֱלֹהֵיכֶם וְנוֹשַׁעְתֶּם מֵאֹיְבֵיכֶם

最後，這個銀號還會在 節期、月朔、獻祭 的時候吹出來，民 10:10：

『在 你們快樂的日子 和 你們的節期，並 你們的月朔，
獻 你們的燔祭 和 你們的平安祭 時 也要 吹號，
這都要 在你們的上帝面前 給你們作紀念。
我是耶和華—你們的上帝。』

וּבְיוֹם שִׂמְחַתְכֶם וּבְמוֹעֲדֵיכֶם וּבְרָאשֵׁי חָדְשֵׁיכֶם
וּתְקַעְתֶּם בַּחֲצֹצְרֹת עַל עֹלֹתֵיכֶם וְעַל זִבְחֵי שַׁלְמֵיכֶם
וְהָיוּ לָכֶם לְזִכָּרוֹן לִפְנֵי אֱלֹהֵיכֶם
אֲנִי יְהוָה אֱלֹהֵיכֶם

是的，當以色列全體百姓都按著神的「次序和法則」來行，都願意被<數點>出來，被神來「裝備和建造」的時候，神就會用最實際的方式來「保守-護衛」以色列。

現在，以色列百姓全營準備要「拔營-起行」，在離開西奈山繼續深入未知的曠野之前，耶和華神給他們設立一個「吹號」的「國防警報-資訊布達」的預警系統，這不僅給以色列全營帶來實際的「保護」，還讓以色列人知道，他們該如何確切的「對準」神的時間，用「最有效率」的方式來做事和生活。

## 四、 約櫃往前行

在<燃起-上行>篇這段妥拉中，經文最主要的內容和主題就是，以色列百姓已經做好行前的所有準備，就要「拔營-起行」，離開西奈山，民 10:11-13：

『第二年二月二十日，雲彩 從法櫃的帳幕 收上去。
以色列人就 按站往前行，離開西奈的曠野，雲彩停住在巴蘭的曠野。
這是他們照耶和華藉摩西所吩咐的，初次往前行。』

然後，接下來的經文，民 10:14-28，依序講述以色列四個營: 猶大營、呂便營、以法蓮營和但營的「拔營-起行」的行進隊伍，最後民 10:28 這一節經文，為這一個段落做一個總結：

『這些是以色列人按著他們隊伍 往前行 (的次序)，
他們就 (這樣) 啟程 了。』

如果接著再繼續往下看民數記第十章的經文，會看到一段特別「被區隔出來」的一段經文，來看希伯來文經文(經文照片) [1]，在大部分的抄本上，我們都會看到 10:35-36 這兩節經文的頭跟尾，分別被一個左右反過來的字母 **nun.** (ﬡ) 所標示和區別，好像在特別強調這兩節經文有它自己的「文本主體性」，猶太解經家甚至說這兩節經文如同「一卷書」，所以這兩節經文有時被稱為「**書中之書 (The Book Between the Books)**」，可見這兩節的經文重要性非同小可，來看這兩節經文，民 10:35-36：

『 約櫃往前行 的時候，摩西就說：「耶和華啊，求祢興起！願祢的仇敵四散！願恨祢的人從你面前逃跑！**約櫃停住** 的時候，他就說：「耶和華啊，求祢回到以色列的千萬人中！」』

初看這兩節經文，是可以很好理解的，因為民數記第十章的經文，主要就是在描述以色列全營 首次的「**拔營-起行**」，要離開這個「已經熟悉的」西奈曠野，繼續前面「未知」的「曠野征戰」之路，說以色列百姓當中所有的人都毫無害怕和恐懼，這是不可能的，所以在「拔營-起行」前，如果摩西向以色列全會眾「宣讀」民 10:35-36 的經文，說：

『耶和華啊，求祢**興起**！願祢的仇敵四散！
願恨祢的人 從祢面前逃跑！
耶和華啊，求祢回到以色列的千萬人中！』

那麼，這一段經文內容就像是摩西給以色列百姓拔營前所做的「**行前禱告**」或「**征戰的宣告**」，這個禱告/宣告 就是斬釘截鐵地告訴以色列人，讓他們知道，無論遇到什麼環境，都不要害怕，因為有耶和華神在以色列百姓的營地陣中，**因為，神的居所和同在:會幕，就在 12 個支派四個營的「正中央」阿。**

所以當摩西和以色列百姓都這樣「**禱告**」也都這樣「**宣告**」時，那麼，這就很清楚在表明一件事:以色列人「**得勝**」的力量，完完全全是「**來自**」耶和華神，和祂的話。

有意思的是，在民 10:35-36 的經文中，這兩節提到的「**開路先鋒**」，在「**最前線**」坐鎮不是以色列百姓，而是裡面放著十誡法版的「**約櫃**」。

---

[1] 見本段文本信息的 youtube 影片。

約櫃「在前頭行」的畫面，其實就正好是代表 耶和華神的「定意-決心和計畫」，那就是，耶和華神無論如何，都會帶領以色列百姓「進入」迦南地，這不是以色列百姓可以自行決定的，

因此，反過來講，若是按著「人意」來說，起心動念「帶頭」想要「回埃及去」的，總是那些小信的以色列人，每當他們遇到困難、碰到挑戰、或者面對一個「未知」的狀態時，就會立刻感到恐懼、害怕，然後就嚷嚷著說要「回埃及」去。

所以，民 10:35 一開始才會說，是『 約櫃往前行 』，而不是以色列百姓，因為以色列百姓常常會「往後退」，走「回頭路」。

回到我們各人的信仰和生命的經驗中，很多時候我們會喜歡「靠自己」往前行，但往往「靠自己」前行時，卻很容易會感到恐懼和害怕，然後就「走回頭路」了。

願我們每一個人，都能 讓主在我們的生命中「掌王權、居首位」，讓『約櫃往前行』，而不是讓「自己」走在神的前面。

五、「離開」西奈山

> 『第二年二月二十日，雲彩從法 櫃的帳幕收上去。
> 以色列人就按站往前行，**離開西奈的曠野**，雲彩停住在巴蘭的曠野。
> 這是他們照耶和華藉摩西所吩咐的，**初次往前行**。』民 10:11-13

民數記第三段妥拉<燃起-上行>篇標誌一個新的里程碑，因為此時的以色列百姓，就要「離開」這個已經駐紮幾個月之久的西奈曠野，要往應許之地:迦南地前進。

然而，以色列百姓待<在西奈曠野>好一段時間，「已經熟悉」這裡的氣候和環境，更重要的是，他們在這裡，在西奈山和西奈曠野經歷了非常多的事情，底下就一一地來細數:

首先要提到的當然是以色列百姓<在西奈山>「親身經歷」了耶和華神的威嚴又榮耀的顯現，出埃及記 19:16-19：

『到了第三天早晨，在山上有 **雷轟、閃電**，和 **密雲**，並且 **角聲甚大**，營中的百姓盡都發顫。摩西率領百姓出營迎接上帝，都站在山下。**西奈全山冒煙，因為耶和華在火中降於山上**。山的煙氣上騰，如燒窯一般，**遍山大大地震動**。角聲漸漸地高而又高，摩西就說話，**上帝有聲音** 答應他。』

也是&lt;在西奈山&gt;，耶和華神和以色列百姓「立約」，出埃及記 19:5-8：

『如今你們若實在聽從我的話，遵守 **我的約**，就要 **在萬民中作屬我的子民**，因為全地都是我的。你們要 **歸我作祭司的國度，為聖潔的國民**。』這些話你要告訴以色列人。摩西去召了民間的長老來，將耶和華所吩咐他的話都在他們面前陳明。百姓都同聲回答說：「**凡耶和華所說的，我們都要遵行**。」摩西就將百姓的話回覆耶和華。』

&lt;在西奈的曠野&gt;，以色列百姓也把神的居所:會幕給建造出來，出埃及記 40:34-35：

『當時，雲彩遮蓋會幕，**耶和華的榮光就充滿了帳幕**。摩西不能進會幕；因為雲彩停在其上，並且 **耶和華的榮光充滿了帳幕**。』

然後，耶和華神&lt;在西奈山&gt;也教導以色列百姓一切的律例、典章和法度，也就是利未記裡面所記載的一切的聖法和誡命，利未記 27:34：

『這就是耶和華 在西奈山 為以色列人所吩咐摩西的 **誡命**。』

再來，到民數記，耶和華神&lt;在西奈曠野&gt;，給以色列百姓做人口普查、數點，和全營徵兵，以及營地布署的整備工作，民 1:1-3：

『以色列人出埃及地後，第二年二月初一日，耶和華 **在西奈的曠野、會幕中**曉諭摩西說：你要按以色列全會眾的家室、宗族、人名的數目 **計算** 所有的男丁。凡以色列中,從二十歲以外,能出去 **打仗** 的,你和亞倫 **要照他們的軍隊 數點**。』

最後，就是回到我們一開始讀的經文，民 10:11-13 講到以色列百姓，在出埃及後的第二年二月二十日，準備要「拔營-起行」離開這個駐紮將近有一年之久的西奈曠野，說是有將近一年的時間，是因為在出埃及記 19:1 有提到，以色列人出埃及地以後，在 第三個月 的那一天，就來到 西奈的曠野。

所以說，以色列百姓出埃及後，&lt;在西奈曠野&gt; 生活了很長的一段時間，如前文所述，他們其實已經「非常熟悉」這裡的氣候和環境，他們也在這裡學習很多耶

和華神的律例、典章、誡命，在這裡建造會幕，在這裡受裝備，做新兵戰鬥訓練……等等。

或許，我們可以猜想，也許以色列百姓「不想離開」西奈曠野了，覺得在這裡生活也不錯，而且隨時都有耶和華神的供應和保護，打算「定居在」西奈，也許有些以色列人有這樣的想法。

但神的計畫卻是要以色列「進續前進」，以色列百姓「不會停滯」在西奈曠野，他們必須要「離開」這個「已經熟悉」的地方，民數記 10:11-13 的經文最後清楚地說到:他們離開西奈的曠野，乃是『 照耶和華藉摩西所吩咐的 』，初次往前行。

所以，是耶和華神要以色列百姓「拔營-起行」，「離開」西奈曠野。

沒錯，百姓<在西奈曠野>有「逐漸穩定」的生活型態，有很多的學習，有許多美好的經歷和回憶，那裏似乎也「很安全」，但是耶和華神的計畫，是要他們「離開」，離開這個「舒適圈」，繼續<上行>，繼續前面「征戰-進入」迦南的道路和行程。

可以很合理的猜想，其實以色列百姓是「不願意離開」西奈曠野的，因為對於前面「未知」的旅程，他們是充滿「膽怯、恐懼和害怕」的。

但神就是要繼續「操練、磨練」以色列百姓的信心和勇氣，所以，神要他們「離開」西奈曠野，繼續前進，勇敢地靠著神，剛強壯膽地，去面對前頭的道路。

很多時候，我們的靈命會停滯不前，是因為我們「不願意」繼續「前進-上行」、「不想要」繼續「拔營-起行」，「不肯」離開西奈曠野，但很多時候，神卻是要我們「離開」，因為離開，我們才能「擴張境界」，因為離開，我們也才能夠，「進入」我們的應許之地。

## 問題與討論：

1. 民數記第三段妥拉標題<點燃-燃起>(בְּהַעֲלֹתְךָ) 這個詞裡面的字根是(עלה)，這個字根的意思是什麼？ 為什麼以色列要「拔營起行/上行」之前需要<點燃-燃起> 金燈台，這個<點燃>的動作從「屬靈含意」來說指的是什麼？

2. 在 民數記 9 章 15-23 節 這段經文中，除了<升起-上升>的字根 (עלה) 常常出現之外，這段經文還用了妥拉修辭裡面經常出現的「一詞七現」的格式，就是一個詞組重複出現「七次」在一段經文敘事中，這個一詞七現的詞組是什麼？ 這是要強調出什麼主題和信息？

3. 在民數記第 10 章 1-10 章節中，耶和華神給以色列全營設立了各樣「吹號」的規定，這個「吹號」系統的設置目的是為了什麼？ 它有何實際的功能 (特別是<在曠野>) ？

4. 民數記 10:35-36「約櫃往前行 的時候，摩西就說：「耶和華啊，求祢興起！願祢的仇敵四散！願恨祢的人從你面前逃跑！約櫃停住 的時候，他就說：「耶和華啊，求祢回到以色列的千萬人中！」這段經文為什麼非常重要？

5. 以色列百姓出埃及後，在西奈山 生活很長的一段時間，他們其實已經「非常熟悉」這裡的氣候和環境，也在這裡學習很多耶和華神的律例、典章、誡命，甚至也在這裡建造會幕，在這裡受裝備，做新兵戰鬥訓練等等。或許，我們可以猜想，也許以色列百姓「不想離開」西奈曠野了，覺得在這裡生活也不錯，而且隨時都有耶和華神的供應和保護，打算「定居在」西奈。但是以色列終究是必須要「離開西奈山」，為什麼？

# 民數記 No.4 妥拉

# <打發>篇 （פרשת שלח）

**本段妥拉摘要：**

民數記第四段妥拉，標題<打發>，希伯來文(שְׁלַח)。這段妥拉的內容重點正如其標題所揭示的，講的就是探子的<打發>。

先回顧民數記上段妥拉，耶和華神已經把「前進-上行」迦南地的「最後預備」工作完成了，透過會幕上方的雲彩來「親自帶領」以色列，然後也透過兩隻銀號的吹號來傳遞「拔營-起行」和「召集」的信號，甚至這兩隻銀號也代表「國防警報」的防禦系統。最後，等一切整備工作都就緒以後，以色列百姓正式「拔營-起行」，要展開出埃及的下半場旅程，也就是從西奈山離開「往迦南地」前進。

接著，就來到<打發>篇這段妥拉。

<打發>篇這段經文就是講述以色列百姓準備要做「叩關」和「預備進入」迦南的動作，可以很合理的推測，也許原來耶和華神的計畫，很可能就是要以色列百姓在曠野的第三年或第四年，就「進入迦南-得地為業」，不過十個探子回來報的「惡信」，這些「負面-消極」的言語，嚴重「打擊」以色列人的士氣和信心，民13:31-33：

> 『我們 不能上去 攻擊那民，因為他們 比我們強壯。
> 我們所窺探、經過之地 是吞吃居民之地，
> 我們在那裏所看見的人民 都身量高大。
> 我們在那裏看見亞衲族人，就是 偉人；他們是偉人的後裔。
> 據我們看，**自己就如蚱蜢** 一樣；據他們看，我們也是如此。』

最後，因著這十個探子所說的這段話，也因著百姓相信「他們的話」，而「不相信」耶和華神，這就讓以色列百姓在曠野漂流了 38 年的時間。

# 民數記 No.4 妥拉 <打發> 篇（פרשת שלח）

經文段落：《民數記》13:1 - 15:41
先知書伴讀:《約書亞記》2:1-24
詩篇伴讀: 64 篇
新約伴讀:《馬太福音》10:1-14、《希伯來書》3:7 - 4:1

## 一、 是神<打發>探子嗎？

民數記第四段妥拉標題<打發>。經文段落從民數記 13 章 1 節到 15 章 4 節。
<打發>這個標題，在民 13:1-2 當中：

『耶和華曉諭摩西說：
你 打發 人去窺探我所賜給以色列人的迦南地，』

וַיְדַבֵּר יְהוָה, אֶל-מֹשֶׁה לֵּאמֹר.
שְׁלַח-לְךָ אֲנָשִׁים וְיָתֻרוּ אֶת-אֶרֶץ כְּנַעַן אֲשֶׁר-אֲנִי נֹתֵן לִבְנֵי יִשְׂרָאֵל

這段妥拉的標題: <打發> (שְׁלַח) 就是希伯來經文民 13:2 的第一個字，這個字
(שְׁלַח) 就是民數記第四段妥拉的標題。

這段經文之所以用<打發>這個字當作這段妥拉的標題，那是因為摩西<打發>探
子的這個行動，正就是這段經文的主要內容，<打發>探子的事件，其實也是整
卷民數記「**最關鍵-最重大**」的一個轉折點，當然，它是一個悲劇的轉折點。

因為<打發>探子的事件，導致以色列百姓要在曠野「多漂流」38 年的時間，使
得出埃及那一代的以色列百姓都死在曠野後，以色列人才能進迦南地。

甚至，就連摩西自己也認為，他不能進入迦南地，是因為<打發>探子的這樁行
動，其所帶來的「後續」影響，也就是: 在聽到十個探子回來所報的「惡信」之
後，以色列全會眾「信心崩潰」，不信耶和華神，也不順服摩西的帶領。

在申命記裡面，摩西事後對於<打發>探子的事件做了一些回顧，申命記 1:32-35：

『你們在 (前進迦南) 這事上卻 不信 耶和華－你們的上帝。

祂 在路上，**在你們前面行，為你們找安營的地方**；

夜間在火柱裏，日間在雲柱裏，**指示 你們 所當行的路**。

耶和華聽見你們這話，就發怒，起誓說：

這惡世代的人，連一個也不得見我起誓應許賜給你們列祖的美地。』

然後，來到申命記 1:37，摩西說的更直白，摩西將他自己「不能進迦南地」這件事歸咎於那十個被<打發>出去的探子 － 他們所報的「惡信」，以及信心軟弱的以色列百姓，申命記 1:37：

『耶和華 **為你們** (以色列百姓) **的緣故** 向我 (摩西) 發怒，說：

**你** (摩西) **也必不得進入那地。**』

回到<打發>篇這段妥拉，再回過頭來看一次民 13:1-2 的經文，在這段經文中，有一個重要的「介係詞」沒有翻出來，民 13:1-2：

『耶和華曉諭摩西說：

你 **為你自己** <打發> 人去窺探我所賜給以色列人的迦南地，』

וַיְדַבֵּר יְהוָה, אֶל-מֹשֶׁה לֵּאמֹר.
**שְׁלַח-לְךָ** אֲנָשִׁים וְיָתֻרוּ אֶת-אֶרֶץ כְּנַעַן אֲשֶׁר-אֲנִי נֹתֵן לִבְנֵי יִשְׂרָאֵל

民 13:2 的這個 <為你自己>(**לְךָ**) 在中文和合本聖經沒有被翻譯出來。

如果我們再對照一下申命記 1:21-23 的經文會更清楚，申命記 1:21-23：

『看哪，耶和華－你的上帝已將那地擺在你面前，

你要照耶和華－你列祖的上帝所說的上去得那地為業；

不要懼怕，也不要驚惶。

你們 (以色列百姓) 都就近我來說：

『**我們要先<打發>人去，為我們窺探那地，**

將我們上去該走何道，必進何城，都回報我們。』

**這話我 (摩西) 以為美，就從你們中間選了十二個人，每支派一人。**』

從前面讀的民 13:1-2，和申命記 1:21-23 這兩段經文對照來看，可以知道，其實，耶和華神 並沒有 要<打發>探子 的這個計畫，探子的<打發>應該是以色列百姓出的主意，可以說，因為他們的「懷疑」和「小信」，所以他們來到摩西面前，吵著說要<打發>探子。

因此，摩西就來到耶和華神面前求問，是否應該要<打發>探子，結果就正如我們在民 13:2 看到的，耶和華神對摩西說『你自己決定』，若是要<打發>的話，這是你「為你自己」<打發> 的，但沒有想到這一個<打發>的行動，後續帶來了許多嚴重的後果。

## 二、「為自己」作見證

在探子事件中，十個探子帶給以色列全會眾影響最深的一段話在民 13:28-33，先來看民 13:27 的經文，探子們一開始所說的話：

> 『 (探子們) 又告訴摩西說：我們到了你所打發我們去的那地，
> 　　　果然是流奶與蜜之地；這就是那地的果子。』

接下來，從民 13:28 這一節開始，十個探子開始表達出他們的「信心缺乏」，甚至是「害怕-恐懼」，民 13:28-29：

> 『然而(אֶפֶס) 住那地的民 強壯，城邑也 非常堅固寬大，
> 　　　並且我們在那裏看見了 亞衲族的人。
> 　亞瑪力人 住在南地；赫人、耶布斯人、亞摩利人 住在山地；
> 　　　迦南人 住在海邊並約旦河旁。』

在這段經文中，最起頭的第一個字，也就是 13:28 的第一個希伯來字叫(אֶפֶס)，和合本中文聖經是翻作「然而」，(אֶפֶס) 這個字直接翻譯就是:「歸零，零」的意思。

意思就是說 ，前面 13:27 探子一開始說的迦南地『果然是流奶與蜜之地』的陳述和描述，來到 13:28 一開始的「然而」(אֶפֶס) 這個字，就「歸零」了，因為接下來探子要說的話，就不是出於神的，而是出於探子們「自己人意」的、是來自於他們自己內心的「恐懼-害怕」的個人情緒。所以，來到民 13:31，探子們就直接下了一個「完全消極和否定」的論斷和判斷：

> 『我們不能 上去攻擊那民，因為 他們比我們強壯。』
> לֹא נוּכַל לַעֲלוֹת אֶל-הָעָם כִּי-חָזָק הוּא מִמֶּנּוּ

46

接著民 13:32，十個探子變本加厲，他們更是進一步對這個原先他們所描述的美好的「流奶與蜜之地」的應許之地，說了「毀謗-惡毒」的話：

> 『探子 中有人論到所窺探之地，向以色列人 報惡信，說：
>   「我們所窺探、經過之地是 吞吃居民之地，
>    我們在那裏所看見的人民都身量高大。』

וַיֹּצִיאוּ דִּבַּת הָאָרֶץ אֲשֶׁר תָּרוּ אֹתָהּ אֶל-בְּנֵי יִשְׂרָאֵל לֵאמֹר׃
הָאָרֶץ אֲשֶׁר עָבַרְנוּ בָהּ לָתוּר אֹתָהּ אֶרֶץ אֹכֶלֶת יוֹשְׁבֶיהָ הִוא
וְכָל-הָעָם אֲשֶׁר-רָאִינוּ בְתוֹכָהּ אַנְשֵׁי מִדּוֹת

最後，民 13:33 探子們以這樣的一句話「澈底擊潰」以色列全營的信心和士氣，並引發全體百姓歇斯底里的「失控-爭鬧」：

> 『我們在那裏看見亞衲族人，就是 偉人；他們是 偉人的後裔。
>   據我們看，自己就如蚱蜢 一樣；據他們看，我們也是如此。』

緊接著就是民 14:1 所描述的，以色列全營「信心崩盤」：

> 『當下，全會眾 大聲喧嚷；那夜百姓 都哭號。
>   以色列眾人向摩西、亞倫 發怨言；全會眾對他們說：
>   「巴不得我們早死在埃及地，或是死在這曠野。
>    耶和華為甚麼把我們領到那地，使我們倒在刀下呢？
>    我們的妻子和孩子必被擄掠。我們回埃及去豈不好嗎？」』

從前面我們讀的這些經文中，清楚地看到，探子所報的「惡信」，他們所說出的那些「從人來的」、「負面-消極的」言語，是如何地影響到以色列全體百姓，這些「負面話語」的影響，從民數記 13 章之後的故事發展來看，給以色列帶來了極其嚴重的後果。

探子事件，以及以色列全營的「信心崩盤」最主要的原因，是在於探子當中那些「信心軟弱」的人，

他們的眼界「沒有」定睛在神身上，而是「在自己」身上，十個探子們 故意、蓄意地「擴大」了自己的恐懼，讓自己的聲音「大過於」神的聲音，並且還給會眾帶來了不好的影響。

十個探子所散播出去「負面消極」的言論和「信心缺乏」的態度，不但沒有去激

勵百姓，給以色列百姓加油打氣，反而是把「**恐懼-害怕**」的氣氛帶到營地當中，讓這個「**非理性的恐懼**」主導了以色列民，以致於他們膽怯，就想走回頭路，回去埃及。

是的，作為神的子民，身為神國的精兵，我們是要「**為自己**」作見證，還是應該要『**為神作見證**』，是要順從「自己內心的感受」，還是要聽從「**神話語的真理**」，是要行在「屬肉體」的道路上，還是要行在「**屬神的**」**旨意和計畫**的道路中，

以上這些，都是「探子事件」所給我們的一些重要的信仰功課的省思。

# 三、 迦勒與約書亞

在<**打發**>篇這段妥拉中，探子事件的影響無疑是深遠的，因為十個探子回來報的「惡信」，使得以色列百姓全營「信心崩潰」，讓耶和華神發怒，最後導致以色列民必須要在曠野多漂流 38 年的時間。

儘管如此，以色列百姓最後還是在約書亞的帶領下，過了約旦河，挺進迦南地，完成「得地為業」的使命和任務。

在探子事件中，可以說，如果沒有 **約書亞**，以及 **迦勒** 這兩個人替摩西和亞倫挺住，全力「力挽狂瀾」的話，那麼很有可能，以色列「前進迦南」的行程就此「中斷」，或者講的更嚴重一點，這個進入應許之地的「上行之路」就此「終結」。

以色列全營在曠野中「解體-潰散」，百姓另立一個領袖，所有人全部都回埃及去，這就是民數記下一段妥拉<可拉>篇，接著所要講述的事情。

當然，「以色列人回埃及去」這樣的結局沒有發生。

當十個探子都在說「負面消極」的話語，一直在散播讓會眾「感到恐懼」的言詞時，約書亞和迦勒反而是「**堅守信心**」地告訴百姓，**務要行在「神的旨意和計畫」**中。

看經文，在民數記 13 章後面，當十個探子回來開始「報惡信」，說出「自己人意、

負面」的言論時，迦勒做了一個動作，民 13:30：

『迦勒在摩西面前 安撫 (使..閉嘴) 百姓，說：
「我們立刻上去得那地吧！我們足能得勝。」』

וַיַּהַס כָּלֵב אֶת-הָעָם אֶל-מֹשֶׁה וַיֹּאמֶר
עָלֹה נַעֲלֶה וְיָרַשְׁנוּ אֹתָהּ כִּי-יָכוֹל נוּכַל לָהּ

13:30 節希伯來經文的第一個字，中文和合本聖經翻譯的「安撫」(וַיַּהַס) 這個動詞更直接、直白的翻譯就是「使…閉嘴」、「使…安靜」。

所以，這節經文描述了這樣一個生動的畫面，就是：當探子們說了消極、令人恐慌的話，造成百姓開始議論紛紛、吵鬧紛雜，局面準備要陷入全面混亂的時候，迦勒這時候立刻站出來，**要百姓們 全部閉嘴**，並且在以色列全會眾面前，做出勇敢地戰鬥宣告，斬釘截鐵的說出：

「我們立刻上去，得那地吧！因為 **我們足能得勝**。」
עָלֹה נַעֲלֶה וְיָרַשְׁנוּ אֹתָהּ כִּי-**יָכוֹל נוּכַל לָהּ**

在十個探子的「多數聲音」齊聲說出：『我們 不能 上去攻擊那民，因為他們比我們強壯。我們所窺探、經過之地是吞吃居民之地，我們在那裏所看見的人民都身量高大。』民 13:31-32

之後，緊接著來到民數記 14 章，我們立刻就看到以色列全會眾的「**全面失控**」，一股「**絕望恐懼**」的氛圍充斥在以色列全營當中，百姓開始哭號、抱怨、爭鬧，甚至想要「**造反、叛亂**」，他們想要把摩西從屬靈權柄領導的位置上「拉下來」

民 14:5 的經文對於當時「失控」的局面和狀況描述得很真實：

『摩西、亞倫就 俯伏 (撲倒-倒下來) 在以色列全會眾 面前。』
וַיִּפֹּל מֹשֶׁה וְאַהֲרֹן עַל-פְּנֵיהֶם לִפְנֵי כָּל-קְהַל עֲדַת בְּנֵי יִשְׂרָאֵל

這個 14:5 希伯來原文經文第一個字，這個動詞 (וַיִּפֹּל)「俯伏」，翻得更白話意思就是「**撲倒-倒下來**」。

這就表示說，現在這樣「混亂恐慌」，以色列全會眾「反抗、叛亂」的局勢，就連摩西和亞倫看到都腿軟了，以至於他們倆人都「**撲倒-倒下**」在以色列全會眾 面前。摩西和亞倫這次深深地感覺到，他們已經沒有能力和力量，可以再繼續領導

和帶領以色列百姓了。

**但就在最危險、在「民族存亡」的關鍵時刻，約書亞 和 迦勒 成為了為耶和華神作見證的「真理的勇士」。**

雖然摩西和亞倫此時軟弱，疲於領導，但 **約書亞** 和 **迦勒** 這兩位「**滿有信心**」，是預備好「**要帶領**」百姓「**進入**」迦南的「**真探子**」，他們趕緊地站出來，替摩西和亞倫給以色列百姓做出安定人心、激勵士氣的「信心喊話」，民 14:7-9：

『我們所窺探、經過之地 **是極美之地**。
耶和華若喜悅我們，就必將我們領進那地，把地賜給我們；
那地原是流奶與蜜之地。
但你們 **不可背叛耶和華**，也 **不要怕那地的居民**；
**因為他們 是我們的食物**，並且蔭庇他們的已經離開他們。
**有耶和華與我們同在，不要怕他們！**』

當然，接下來經文的發展讓我們看到，約書亞和迦勒的信心喊話卻遭來了群眾的憤怒，十個探子的「負面-消極」的言論，已經造成信心嚴重的破懷和士氣沉重的打擊，最後，還是由耶和華神「親自出面」來處理這次的探子事件。

探子事件，民數記 13 章和 14 章這段經文給我們讀經的人一個深刻的反省，那就是：

1. 我們是要 (帶給弟兄姊妹們) 帶來 信心-勇氣，還是帶來 灰心-恐懼 ？
2. 是要用 正面積極 的話語 彼此建造，還是用 負面消極 的言詞，帶來 爭鬧 和 分裂 ？
3. 是要鼓舞激勵大家 向前邁進，一同 進入應許和命定，還是讓大家 原地踏步，甚至 (在靈命上) 走回頭路 呢？

這也就是 <打發>篇這段妥拉，為何要特別去凸顯:**約書亞-迦勒**，和另外 10 個探子的「強烈對比」的原因了。

## 四、 最大的敵人

如果要用一句話來總結<打發>篇這段妥拉經文,所要教導我們的信仰功課,那就是:在面對挑戰、困難時,**首先要勝過的,是「自己裡面」恐懼-害怕的心魔**。很多時候,我們最大的敵人其實不是別人;而是「自己」。

回到民數記,從民數記一開始的人口數點、徵兵、營地布署、行軍排列的次序編排等等,我們很清楚知道,耶和華神一直在為以色列百姓「前進迦南-得地為業」在做全面性的整備和預備。

對以色列百姓來說,其實前進迦南、進攻迦南諸族,得地為業,**本來「不應該」是一件要去害怕擔心的事情**,因為耶和華神「已經應許」要賜給他們這塊流奶與蜜之地,更何況這個時候「有會幕」 這個代表「神同在-護衛」的堡壘 在以色列全營的中央,有神榮耀的雲彩隨時在會幕的正上方,帶領著百姓前面的道路。出埃及記 23:20:

> 『看哪,我差遣使者在你前面,在路上保護你,
> 領你到我所「**已經預備**」的地方去。 』

這個動詞「**預備**」(הֲכִנֹתִי) 是一個「完成式」動詞,意思是說那地方 (迦南地) 我耶和華神「已經」實實在在地準備好了,就等你們以色列百姓進來入住。迦南地,就是要「等」你們以色列百姓「進來」得地為業,因為這是耶和華神「**定意要給**」你們以色列民的。

在民數記前面幾段妥拉,我們也看到,耶和華神不斷地透過祂自己實際的作為和話語,在給以色列全會眾做「整備-布署」和「信心的建造」,讓以色列民清楚知道,「前進迦南-得地為業」是有耶和華神隨時的「**護衛-同在-保守**」,以色列百姓根本「**不需要害怕**」前行的道路。

譬如在民數記第二段妥拉<數點-提升>篇,在民數記 6 章後面出現的「**大祭司禱告**」:

> 『願耶和華賜福給你,**保護** 你。
> 願耶和華使他的臉光照你,**賜恩** 你。
> 願耶和華向你仰臉,賜你 平安。』

這一個耶和華神透過大祭司要來祝福以色列全會眾的禱告內容,前文談過,它出

現在以色列全營 12 支派的人口數點、徵兵、營地步署的「整備」工作「完成之後」。這些整備工作之所以能夠完成，是因為以色列 12 支派全體的「團結合一」，12 支派的以色列全體成員都為著「進入迦南地」這個特殊的「使命和呼召」而願意將自己「委身-奉獻」出來。

因著這樣的「合一」這讓耶和華神非常喜悅，耶和華神自然會在以色列百姓前面所行的道路上，賜下「保護、恩典、和平安」。

再來到民數記第三段妥拉<燃起-上行>篇，在民數記第 10 章那裡提到，以色列百姓要「拔營-起行」，「離開」這個駐紮將近有一年之久的西奈曠野，是「初次」要往迦南地前行，準備要踏上這個得地為業的「征戰」之途，所以在開拔前，耶和華神又透過摩西作了一個「行前禱告」或「征戰的宣告」，民 10:35-36：

『約櫃往前行 的時候，摩西就說：「耶和華啊，求祢興起！願祢的仇敵四散！願恨祢的人從祢面前逃跑！約櫃停住 的時候，他就說：「耶和華啊，求祢回到，到以色列的千萬人中！」』

摩西的這個宣告就是斬釘截鐵地在告訴以色列百姓，讓他們清楚知道，無論是遇到什麼環境，都不要害怕，因為有耶和華神在以色列百姓的營地陣中，有耶和華神「在前面」替我們征戰，是耶和華神的約櫃帶著我們以色列全會眾「往前行」。

接著來到民數記第四段妥拉<打發>篇，眼看著進入迦南地，得地為業就要來到「叩關」的重要關卡上，但是卻發生「探子事件」。

只因十個探子回來報的「惡信」，這十個人嘴把裡所發出的「負面-消極」的言語，就把以色列全營給澈底擊垮，以色列人都還沒有真正遇到迦南地的那些異邦異族、那些敵人之前，就先「被自己」給打敗了。

<打發>篇這段妥拉中，讓我們真實地看到，其實以色列百姓「最大的敵人」，並不是那些迦南的巨人、也不是堅固的城牆，而是他們「自己心中」的害怕、恐懼，以及 對耶和華神的「懷疑、小信」。

儘管這個時候的以色列早已經出埃及、經歷紅海分開的神蹟、西奈山的頒布十誡、有會幕在營地中央、有神榮耀雲彩在會幕上方，天天吃著神奇的嗎哪，但是他們卻仍然想念埃及，甚至想回埃及去。

## 五、 衣裳繸子

探子事件之所以發生，以色列百姓之所以「信心崩潰」，當然一開始是肇因於十個探子報回來的「惡信」，但是話又說回來，如果以色列全營，如果只算男丁 60 萬的人口，**若是大家都很「清楚知道」耶和華「神的旨意和計畫」**，就是要「前進迦南，得地為業」，大家都「**完全相信**」神的心意的話，那麼，60 萬人的「齊心合一-團結一致」的信心和士氣，怎麼會受到區區「只有十個人」嘴巴說出來的話語的影響？

十個探子因著「恐懼」而說出來「負面-消極」的言詞之所以能大大地影響以色列全會眾，這就表示說，以色列全營的人，其實本身也是一群「信心軟弱」的人，他們對耶和華神的心意和作為，仍然「小信」，甚至是「不信」，結果這個小信和不信，最後帶來了災難。希伯來書 3:10-11：

> 『在那裏 (在曠野)，你們的祖宗 **試探我**，
> 並且觀看我的作為有四十年之久。
> 所以，我厭煩那世代的人，說：
> **他們 心裏常常迷糊，竟不曉得 我的作為！**
> 我就在怒中起誓說：他們 **斷不可進入 我的安息。** 』

其實以色列百姓並不是真的不曉得、或不知道耶和華神的作為，他們只是在曠野的路上一遇到困難、挑戰的時候，就「忘記」耶和華神過去的作為，過去所施行過的一切「神蹟奇事」，**沒有把眼目「定睛在神」身上**，反而是把焦點放在「眼前的困難」上面，並且還把這些問題和困難「放大」，隨從自己肉體的慾望，總是想「回埃及」去。這個，就是探子事件之所以會發生，以色列全營信心會全面崩潰的根本原因，那就是 **順從人意、倚賴自己肉體的感官，不相信神信實的作為和誡命。**

所以，為什麼在經過探事件後，<打發>篇這段妥拉的結尾，經文還特別提到了要配戴「**衣裳繸子 (ציצת)**」的這個誡命條例的原因，民 15:38-40：

> 『你吩咐以色列人，叫他們世世代代在衣服邊上做 **繸子**，
> 又在底邊的 **繸子** 上釘一根藍細帶子。你們佩帶 **這繸子**，
> 好叫你們 看見 **就記念遵行耶和華一切的命令**，
> **不隨從自己的心意、眼目行邪淫，像你們素常一樣；**
> 使你們 記念遵行我一切的命令，成為聖潔，**歸與你們的上帝。** 』

來到新約，我們看到，耶穌道成肉身，在世為人，當然我們知道耶穌是個猶太人，耶穌身上也穿著這個是用來要提醒自己、也提醒眾人，「要遵行」耶和華神一切誡命的「衣裳繸子」，馬可福音 6:56：

『凡耶穌所到的地方，或村中，或城裏，或鄉間，
他們都將病人放在街市上，
求耶穌只容他們摸他的 衣裳繸子；凡摸著的人就都好』

『我們若將 起初確實的信心 堅持到底，
就在基督 (彌賽亞) 裏有分了。』希伯來書 3:14

透過「衣裳繸子」這條誡命的制定，其實是要提醒，在我們人生和信仰的道路上，「不要忘記」起初的愛心，和對主火熱的心，也更不要忘記過去神在我們個人生命當中所施行的一切「拯救-建造」的奇妙工作，不論前方的道路會遭遇什麼樣的困難和挑戰，都要認定耶和華神，定睛在主的身上。

如箴言 3:5-7 所言：

『你要專心仰賴耶和華，不可倚靠自己的聰明，
在你一切所行的事上都要認定祂，祂必使你路途平直。
不要自以為有智慧；要敬畏耶和華，遠離惡事。』

## 問題與討論：

1. 民數記第四段妥拉標題<打發>，顧名思義本段妥拉的經文內容主要是講到探子的<打發>，不過可以回過頭來問的是，「**是耶和華神打發探子嗎？**」 探子的<打發>到底是誰出的主意？

2. 「探子事件」以及後續造成以色列全營的「信心崩盤」，最主要的原因是什麼？

3. 當以色列全營信心崩盤，並且就連『摩西、亞倫就 俯伏 (撲倒-倒下來) 在以色列全會眾 面前 』的時候，是哪兩個人挺身而出，穩住局面？ 這兩人替摩西和亞倫給以色列百姓做出安定人心、激勵士氣的「**信心喊話**」，這個喊話的內容說了些什麼？

4. 以色列百姓「**最大的敵人**」，其實並不是那些迦南的巨人、也不是堅固的城牆，而是什麼？

5. <打發>篇這段妥拉的結尾: 民數記 15:38-40，經文還特別提到要配戴「**衣裳繸子 (ציצת)** 」，耶和華神在「探子事件-信心崩盤」的情事發生後還特別設立了這個誡命，它的目的是什麼？

# 民數記 **No.5** 妥拉

# <可拉>篇（פרשת קרח）

## 本段妥拉摘要：

民數記第五段妥拉標題<可拉>，希伯來文(קרח)。這段妥拉之所以命名為<可拉>，顧名思義，經文內容的主角和主要內容講得正好就是<可拉>的叛亂。

延續上段妥拉<打發>篇，以色列百姓因十個探子回來報的「惡信」，結果造成全營的「哭號、爭鬧」，和「信心崩潰」，民 14:1-4：

『當下，全會眾 大聲喧嚷；那夜百姓 都哭號。以色列眾人向摩西、亞倫 發怨言；全會眾對他們說：「巴不得我們早死在埃及地，或是 死在這曠野。耶和華為甚麼把我們領到那地，使我們倒在刀下呢？我們的妻子和孩子必被擄掠。我們回埃及去豈不好嗎？」眾人彼此說：「我們不如立一個首領回埃及去吧！」』

<可拉>正是深刻地察覺到，摩西現在早已經「失去」以色列全營的「民心」，所以<可拉>趁勢而起。

雖然身為哥轄族的他，已經被指派是要負責管理會幕裡面：「聖所和至聖所的器具」，這樣的一個神聖職分和權柄，但是<可拉>還不滿足，他想要「奪取」摩西的領導權柄，甚至是亞倫的「大祭司」的職分，於是就「利用」以色列百姓現在所積累深厚的「民怨」，要來做「政變-叛亂」的動作，這個，就是<可拉>篇這段妥拉，起始處的經文所記載的，民 16:1-3：

『利未的曾孫、哥轄的孫子、以斯哈的兒子<可拉>，和呂便子孫中以利押的兒子大坍、亞比蘭，與比勒的兒子安，並以色列會中的二百五十個首領，就是有名望選入會中的人，在摩西面前 一同起來，聚集攻擊摩西、亞倫，說：「你們擅自專權！全會眾個個既是聖潔，耶和華也在他們中間，你們為甚麼自高，超過耶和華的會眾呢？」』

# 民數記 No.5 妥拉 <可拉> 篇（פרשת קרח）

經文段落：《民數記》16:1 - 18:32
先知書伴讀：《撒母耳記上》11:14 - 12:22
詩篇伴讀：5 篇
新約伴讀：《約翰福音》19:1-17、《使徒行傳》5:1-11、《猶大書》全卷

## 一、 <可拉>的「竊取」

民數記第五段妥拉標題<可拉>。經文段落從民數記 16 章 1 節到 18 章 32 節。
<可拉>這個標題，在民 16:1：

> 『利未的曾孫、哥轄的孫子、以斯哈的兒子 可拉，
> 和呂便子孫中以利押的兒子大坍、亞比蘭，與比勒的兒子安，』

> וַיִּקַּח **קֹרַח** בֶּן-יִצְהָר בֶּן-קְהָת בֶּן-לֵוִי
> וְדָתָן וַאֲבִירָם בְּנֵי אֱלִיאָב וְאוֹן בֶּן-פֶּלֶת בְּנֵי רְאוּבֵן

這段妥拉的標題: <可拉> (**קֹרַח**) 就是希伯來經文民 16:1 的第二個字，這個字
(**קֹרַח**) 就是民數記第五段妥拉的標題。

<可拉>之所以會成為這段妥拉經文的標題，那當然是因為，在這段經文中，帶
頭「擾亂」，製造「分裂」，鼓動叛亂的始作俑者，就是<可拉>這個人。

在民數記的經文裡，我們看到這一段妥拉是 **最黑暗**、也是 **最危險** 的一段，是
以色列百姓出埃及後，在曠野當中所經歷的一次最大、最嚴重的「分裂」危機。

再回到民 16:1-2 的經文：

『利未的曾孫、哥轄的孫子、以斯哈的兒子<可拉>(拿取-竊取) (**וַיִּקַּח**)，和呂便
子孫中以利押的兒子大坍、亞比蘭，與比勒的兒子安，並以色列會中的二百五十
個首領，就是有名望選入會中的人，在摩西面前一同起來，』

**וַיִּקַּח קֹרַח** בֶּן-יִצְהָר בֶּן-קְהָת בֶּן-לֵוִי וְדָתָן וַאֲבִירָם בְּנֵי אֱלִיאָב וְאוֹן בֶּן-פֶּלֶת בְּנֵי רְאוּבֵן. וַיָּקֻמוּ לִפְנֵי מֹשֶׁה וַאֲנָשִׁים מִבְּנֵי-יִשְׂרָאֵל חֲמִשִּׁים וּמָאתָיִם נְשִׂיאֵי עֵדָה קְרִאֵי מוֹעֵד אַנְשֵׁי-שֵׁם.

在這段經文中，中文和合本聖經沒有把民 16:1 最重要的一個字，也就是 16:1 的第一個字 (וַיִּקַּח) 翻譯出來，(וַיִּקַּח) 這個動詞字面上的意思就是「**拿-取**」，英文 **take**，再翻得更強烈一點，這個字其實要表達的就是<可拉>所想要「**奪取-竊取**」的領導地位和屬靈權柄。

然後民 16:3，就是由<可拉>帶著他的黨羽們所對摩西做出的攻擊和指控：

> 『聚集攻擊摩西、亞倫，說：
> 「**你們擅自專權**！全會眾個個既是聖潔，耶和華也在他們中間，
> **你們為甚麼自高**，超過耶和華的會眾呢？」』

上面這段話，就是<可拉>和他的同黨們對摩西所「控訴」的言詞，不過很諷刺的是，<可拉>所指控的『擅自專權-自高』不正好就是<可拉>他自己現在正在大張旗鼓，正在運作的事情嗎？ <可拉>此時就是想要「推翻」摩西的領導和屬靈權炳，**自己自立為領袖**。

所以，真正在『擅自專權-自立為王』的人，其實就是<可拉>本人，不過我們要問，**為什麼<可拉>他要這麼做**，或是說，基於什麼原因，會讓<可拉>產生這樣的念頭要來「反叛」摩西的屬靈權柄。

如果我們去看利未支派的家族系譜 (圖表) [1] 那就會發現，<可拉>和摩西、亞倫都是同出一個家族的子孫，他們都是「哥轄族」的子孫，在這個系譜圖，我們可以清楚看到，<可拉>和摩西、亞倫他們有一個共同的祖父，就是哥轄。

只不過，正如我們在民數記前面，在民數記第三章和第四章看到的，耶和華神對於「祭司-利未各族」職分和任務的分派上面，**摩西和亞倫** 是特別再從哥轄族「分出來」的一小群特殊職分的人。所以，按職分來說:

1. **哥轄族** 出身的 **摩西**，具有最高政治的、和屬靈的領導權柄，他肩負著帶領以色列百姓出埃及，前進迦南的總體任務。

2. 再來，也是 **哥轄族** 出身的 **亞倫** 則是具有宗教領袖的地位，作為「大祭司」的亞倫，他負責會幕裡面所有關於「獻祭-贖罪」的事宜，以及「聖潔」條例

---

[1] 見本段文本信息的 youtube 影片。

的教導和維繫。

3. 然後就是 **利未三族** :哥轄族、革順族、和米拉利族他們各自所分派到的「神聖職分」和業務工作。

利未三族所分派的職分和業務中，**哥轄族** 所監管的業務是最神聖的，因為他們要負責看守會幕裡面，在聖所和至聖所當中的聖物，包括:約櫃、陳設餅的桌子、金燈台、香壇等等。

再回到<可拉>，<可拉>之所以要起來「叛亂-反抗」摩西和亞倫的領導和屬靈權柄，最主要原因就在於，同樣是出身 **哥轄族** 的子孫後代，為什麼摩西、亞倫你們兩人可以「獨立於」哥轄族之外，一個擁有政治領導權(摩西)，一個又具有宗教領袖權(亞倫)，而我<可拉>卻只能負責「看守」聖所裡面的器具？

所以，基於這樣「**嫉妒**」的心態和想要「竊取權柄」的動機，<可拉>決定要起來叛亂，然而，僅憑一人之力沒辦法成為一股勢力，所以<可拉>還夥同了呂便支派的子孫，一起成為反對的力量。

至於<可拉>為什麼會找上呂便的子孫，可以合理的推測，或許當時**呂便**支派的人，也想要恢復 12 支派「**長子**」的領袖和領導地位，因為從營地的部屬和劃分上面 (圖表) [2]，很明顯，耶和華神是把領導的位置給了「猶大支派」。另外，再從地緣上來說，哥轄族安營的地方和呂便支派安營的位置是比鄰而居的，他們都是被安營在會幕的南邊，所以很容易可以互通有無，彼此傳遞訊息。

從上文這樣的分析，清楚知道，<可拉> 的叛亂，是一場完全出於「**人意-私慾**」的叛亂，這樣的叛亂，目的就是「**挑戰**」耶和華「**神親自設立**」的屬靈-領導權柄，而這樣的叛亂和挑戰，最後帶來了 **嚴重的分裂**、甚至還有 **神的懲罰**，以及死亡。

可拉「叛亂」的事件，提醒我們，尤其是在教會裡面「任職-侍奉」的人，我們要常常檢視自己，我們服事的動機到底是出於「私慾-人意」的，還是是單純的完全按照「神的心意」來事奉的。

因為出於「**人意-私慾**」的侍奉往往會帶來**分裂**、**敗壞**，甚至最後 **被神親自拆毀**。

---

[2] 見本段文本信息的 youtube 影片。

## 二、 屬靈的民粹主義

從經文脈絡的發展來看，<可拉>的叛亂之所以會發生，之所以能夠產生，這是有原因的。

在上段妥拉<打發>篇當中，我們看到，「探子事件」最後給以色列百姓帶來沉重的打擊，民 14:28-30：

耶和華說：

『我指著我的永生起誓，我必要照你們達到我耳中的話待你們。

**你們的屍首 必倒在這曠野，**

並且你們中間凡被數點、從二十歲以外、向我發怨言的，

**必不得進 我起誓應許 叫你們住的那地。』**

此外，在探子事件所造成以色列全營的抱怨、爭鬧、反叛，耶和華神也用瘟疫懲罰以色列百姓，民 14:36-37：

『摩西所打發、窺探那地的人回來，

報那地的惡信，叫全會眾向摩西發怨言，

**這些報惡信的人 都遭瘟疫，死在耶和華面前。』**

由此看到，在「探子事件」中，以色列全營可說是「**遭受重創**」。首先、本來在民數記開頭幾章數點、徵兵，是要出來「**打仗征戰-得地為業**」的 **20 歲以上的男丁，現在都不能進迦南地了**；再來，在這次的事件中，還引來耶和華神的憤怒，降下瘟疫，讓以色列百姓營中死傷無數。

探子事件所造成的後續影響對以色列百姓來說，是非常難過、痛苦甚至是悲憤、仇恨的，可以想見，當時的以色列全營是「群情激憤」的，因為本來的計畫是大家都要進迦南地的，搞得現在 全部的人「都不能」進去，而且還要在曠野漂流三十八年。

可以這樣說，百姓之所以會常常「抱怨」，甚至最後產生「悖逆-叛亂」，這乃是因為他們認為，**每一次 災難、瘟疫 和 懲罰 的發生，都是跟 摩西 有關**，以色列百姓這種的邏輯是一種「倒果為因」的思維，他們以為真正的問題是「出在摩西」身上，是摩西來到神面前，向耶和華神禱告祈求，「建議」耶和華神用毀滅、殘酷的刑罰來「管教-懲罰」百姓。

因為，事實上，也真的沒有人知道，到底每一次摩西來到耶和華神面前，摩西跟神「說了什麼」，所以百姓們就猜想，摩西一定是跟耶和華神說了我們這些百姓壞話，所以才會有災難、瘟疫發生。

當百姓這樣地「去想、去揣測」摩西、去看摩西，認為摩西就是這樣一個「會打小報告」的屬靈領袖時，那麼百姓肯定會把所有的怒氣、憤慨，甚至仇恨都一股腦兒，全部加諸在摩西一個人身上。

來到<可拉>篇這段妥拉，沿著「探子事件」的脈絡發展下來，我們就可以看到，<可拉>他是很清楚知道現在整個「以色列全營」百姓的「民心」是敵對摩西的。

關於這一點，從民 16:41 就可以看得很清楚，當時耶和華神已經用土地的裂開吞吃了可拉叛黨的一群人，但「昏昧的」以色列百姓竟還繼續對摩西、亞倫發怨言，說出這樣的話：

> 『第二天，以色列全會眾都向摩西、亞倫發怨言說：
> 「你們 殺了耶和華的百姓了。」』

因此<可拉>的叛亂，就客觀環境而言，他可以在這個時候趁機「順勢而起」，趁著現在瀰漫在以色列全營當中的一股「反摩西」的氣氛和力量，<可拉>利用這股「民粹」的勢力，利用「愚昧的」以色列百姓，他們此時與摩西的「矛盾衝突」的情結，這個在以色列全營中正在滋生的「分裂-群眾」意識，要來反抗摩西，並「奪取-竊取」摩西的屬靈權柄。

<可拉>表面上看似是想要「提升」自己的靈命，追求「更高的」屬靈地位，但是其實他背後真正的目的只是為了要「追求權柄-奪取權力」。

以色列百姓對<可拉>而言，只是他要利用的工具和手段，因為<可拉>起來反叛摩西後面的「私慾-動機」，唯獨只是要這個「權柄-權力」而已，<可拉>並不是真的愛百姓，是按照「神的心意和計畫」來建造百姓、帶領把姓前進迦南。正好相反，<可拉>只是想要藉著以色列百姓來達到「竊取權柄」，自立為王，並控制以色列百姓。

而<可拉>這樣按著「自己人意」所發動的叛亂，所帶來的後果是非常嚴重的，因為<可拉>利用了這個所謂的「屬靈的民粹」，進一步的「加劇」摩西和百姓之間的「對立」，也更深地「撕裂-破壞」以色列，這個「神聖」民族團體的「完整性、合一性」。

因為，如果<可拉>真的「奪權」成功，那麼「以色列」就再也不是一個「神聖」的民族團體，而是一個「人意」的黨羽派系。

摩西知道<可拉>反叛的深層心理因素，因為<可拉>不滿足於他和摩西雖然同是身為哥轄族的後代，但卻只有被指派到管理會幕當中「聖物器具」的職分，<可拉>要的更多，<可拉>想要摩西的「領導權柄」，也想要亞倫「大祭司」的職分，<可拉>想要「全權掌控」會幕。所以民 16:19 記載：

> 『<可拉> 招聚全會眾 到 會幕 門前，
> 要攻擊摩西、亞倫。』

對摩西而言，他當然非常清楚地知道 這些「權柄-位份」，其實都是來自耶和華「神的分派-給予」。所以摩西在民 16:9-11 節這樣直截了當地對<可拉>說：

> 『以色列的上帝從以色列會中將你們分別出來，
> 使你們親近祂，辦耶和華帳幕的事，並站在會眾面前替他們當差。
> 耶和華又使你和你一切弟兄－利未的子孫－一同親近祂，這豈為小事？
> 你們還要求祭司的職任嗎？
> 你和你一黨的人 聚集 是要攻擊耶和華。』

<可拉>事件給我們一個很嚴肅的信仰省思，尤其是對「在上位者」，那些擁有屬靈「職分-權柄」的人而言，必須要常常省思的是，到底我的服事是按著「神的心意-法則-真理」在服事；還是，我是在「利用」我的職分和權柄，出於「自己人意」來「奪權掌控」做我自己想要的事，結果最後卻帶來了分裂、傷害、災難和毀壞。

## 三、「話語」的影響

> 『耶和華所恨惡的有六樣，連他心所憎惡的共有七樣：就是
> 高傲的眼，撒謊的舌，流無辜人血的手，圖謀惡計的心，
> 飛跑行惡的腳，吐謊言的假見證，並弟兄中 布散紛爭 的人。』箴言 6:16-19

稍微回顧一下民數記，就會發現，其實以色列百姓<在曠野>中出現的狀況和危機，往往都是跟「人的話語」有關係，也就是那些「負面-消極」的言語，或者是「毀謗-攻擊」的言辭，還有「苦毒」的話語也就是「抱怨」。

這些從「人意-私慾」來，而不是從耶和華「神-真理」來的話語和思想，大大的影響以色列全體百姓，說的更嚴重一點，就是這些「負面-黑暗」的言語，改變以色列民在曠野的道路和方向，甚至也決定了以色列百姓的命運。

底下，就來看看民數記各段妥拉中，跟「負面言語」有關係的經文段落：

首先就是民數記第三段妥拉<燃起-上行>篇，11 章的「他備拉」事件，此時，以色列全營已經拔營-起行，「離開」西奈曠野，要展開出埃及的第二階段行程:從西奈曠野到迦南地的「首次」的旅程。但是來到 11 章，百姓就開始「發怨言」了，民 11:1-3：

> 『眾百姓 發怨言，他們的惡語達到耶和華的耳中。
> 耶和華聽見了 就怒氣發作，使火在他們中間焚燒，直燒到營的邊界。
> 百姓向摩西哀求，摩西祈求耶和華，火就熄了。
> 那地方便叫做 他備拉(תַּבְעֵרָה)，因為耶和華的火 燒(בָּעֲרָה) 在他們中間。』

在 他備拉 因著百姓「發怨言」而造成的「火燒營」事件才結束沒多久，接下來，百姓又在哭號抱怨，民 11:4-6：

『他們中間的閒雜人 大起貪慾的心；以色列人 又哭號說：「誰給我們肉吃呢？我們記得，在埃及的時候不花錢就吃魚，也記得有黃瓜、西瓜、韭菜、蔥、蒜。現在我們的心血枯竭了，除這嗎哪以外，在我們眼前並沒有別的東西。』

然後到了民數記 12 章，就連摩西的哥哥和姐姐:亞倫和米利暗也說「毀謗」的言語攻擊摩西，民 12:1-2：
> 『摩西娶了古實女子為妻。
> 米利暗和亞倫因他所娶的古實女子就 毀謗 他，說：
> 難道耶和華單與摩西說話，不也與我們說話嗎？』

結果，米利暗長大痲瘋，被隔離在營外，使得以色列全營大部隊的旅途和行程受到「延宕」。

來到民數記第四段妥拉<打發>篇，我們看到，一個「負面-消極」的言語最後是怎麼樣像「傳染病」一樣，迅速「影響-擴散」到全體百姓，使的以色列全營「信

心崩潰」的發展過程。

> 『摩西所打發、窺探那地的人回來，報那地的 惡信，
> 叫全會眾向摩西 發怨言，』民 14:36

民 14:36，十個探子回來「報惡信」，「報惡信」希伯來文叫(לְהוֹצִיא דִבָּה)，更白話的翻譯就是『生出-編造 不實的、惡毒的 謊言 出來。』

也就是說，明明耶和華神的心意，就是要以色列百姓「前進迦南-得地為業」的，而探子們也親眼看到「那地的美好」，但十個探子卻說出負面-消極，甚至「惡毒的言語」去「毀謗」這個耶和華神所說的「美好寬闊-流奶與蜜」之地。

結果，**這些探子們所編造出來的「惡信」**，就使的以色列全營鼓譟、爭鬧、分裂，於是以色列全會眾又開始「大肆抱怨」，然後醞釀出一股「反摩西」的勢力，這個就是接下來，民數記第五段妥拉<可拉>篇所繼續發展的經文敘事。

<可拉>正是利用「探子事件」發生之後，以色列百姓所已經積累出的一股反摩西的「民意」，**大肆的散播「分裂的言論」**，和 **對摩西「擅自專權」的言語指控**，結果演變到最後，<可拉>一黨叛亂勢力，竟然可以帶頭「公然挑戰-違抗」摩西的屬靈權柄，並且還「教唆」以色列百姓一起大膽叛亂。民 16:12-14：

『摩西打發人去召以利押的兒子大坍、亞比蘭。**他們說：「我們不上去！**你將我們從流奶與蜜之地領上來，要在曠野殺我們，這豈為小事？你還要自立為王轄管我們嗎？並且你沒有將我們領到流奶與蜜之地，也沒有把田地和葡萄園給我們為業。難道你要剜這些人的眼睛嗎？**我們不上去！**』

最後，民 16:19：

> 『<可拉> 招聚全會眾 到 會幕 門前，
> 要攻擊摩西、亞倫。』

民數記的經文敘事發展至此，讓我們這些閱讀的人感到不勝噓唏，這些本來在民數記前面幾章，一開始是要被<數點>出來，成為神國精兵，要「前進迦南-得地為業」的精兵勇士，怎麼現在反過來成為屬靈領袖:摩西的敵人，而且，他們現在竟然還願意要跟著<可拉>一起「回埃及」去。

以色列，此刻正面臨民族「分裂」、國家「存亡」的危險關頭，然而，為何會走到如此的黑暗的地步，這都是因為那些出於「**私慾**」而來，**不實的、負面的、消極的、惡毒的、帶來紛爭和分裂的「人言人語」**所造成的。

最後，再讀一次箴言 6:16-19 這段經文，以茲警惕：

『耶和華所恨惡的有六樣，連他心所憎惡的共有七樣：就是
高傲的眼，撒謊的舌，流無辜人血的手，圖謀惡計的心，
飛跑行惡的腳，吐謊言的假見證，並弟兄中 布散紛爭 的人。』

# 四、 神的拆毀

綜觀整部妥拉/摩西五經，可以從經文中發現到一些格式，其中一個可以歸納出來的這個我們說「神的法則」就是: 當一些「人意」的作為，是「不屬神」的「犯罪-敗壞」的活動和事件，如果發展到一種「不可收拾」或「完全失控」的程度和地步，那這個時候，**耶和華神就會出面「強力制止」或是「親自拆毀」這些人的作為和活動。**

底下，從創世記一路回顧下來:

首先、在創世記一開始，本來耶和華神所創造的一切都甚美好，但是因著人類的犯罪，和敗壞，一路發展到最後，人所思所想盡都是惡，結果讓耶和華神不得不用 大洪水「終止」人類罪惡的無限發展。

雖然有過大洪水的毀滅和人類歷史的「中斷-停止」，但挪亞之後不過三、四代的人，犯罪-悖逆神的本能又開始蠢蠢欲動，於是發生 巴別塔 事件。耶和華神看到地上的人類集合起來，成為一個大一統的帝國，興建巴別塔，是要來對抗神，然後神就又「**強行介入-拆毀**」，這就是巴別塔「**語言變亂**」的事件，神把人「**打散**」到世界各地。

來到亞伯拉罕和他的侄兒羅得，羅得選擇肥沃的 所多瑪 平原，但經文告訴我們那裏是「罪惡甚重」之地，因為就連耶和華神所派來的兩位天使，所多瑪合城的男人都想要「侵犯-玷污」他們，於是耶和華神又再一次的施行「**毀滅-懲罰**」的行動，神降下了 硫磺與火，「**澈底拆毀**」這個人類「極端罪惡」的城市:也就是所多瑪和蛾摩拉。

接著到了出埃及記，耶和華神展開「拯救」以色列民「**出埃及**」的行動和計畫，

但心硬的法老帶領著他強大的埃及帝國「強力攔阻」耶和華神的救贖任務，結果耶和華神用 十災，把這個人類文明發展到顛峰的埃及帝國給「徹底拆毀」，為的就是讓以色列百姓「可以」出埃及。

以色列百姓出埃及後，來到西奈山，雖然領受十誡，不過他們很快地又「犯罪-敗壞」，就是「金牛犢」事件，以色列百姓看到摩西不見了，全營陷入恐慌、鼓譟、爭鬧，於是就要亞倫另造一尊偶像，並說這尊偶像是帶領他們出埃及的上帝，耶和華神看到這個「好不容易」才領出埃及的以色列民，現在居然陷入一陣「瘋狂、歇斯底里」的金牛犢大拜拜，於是耶和華神只好「出面制止」，結果有三千人被殺。

來到民數記，我們看到耶和華神「親自出面-直接拆毀」這些「人意」的作為和活動的事件就更多了。

像是在<打發>篇當中的 探子事件，當以色列百姓聽到十個探子回來報的「惡信」的時候，全營喧鬧、哭號，陷入一片混亂和失控的局面，這樣的狀況，就連摩西和亞倫都無法面對和處理，於是約書亞和迦勒此時出面，向以色列全會眾信心喊話，結果全會眾想要殺他們兩人，民 14:10：

> 『但全會眾說：「拿石頭打死他們 二人。」
> 忽然，耶和華的榮光 在會幕中向以色列眾人 顯現。』

當以色列全營已經陷入「完全失控」，百姓想要「自行決定」前面的道路，另立一個首領「回埃及」去的時候，這個「耶和華的榮光」，就直接在會眾面前顯現出來，這其實就是很清楚明白的在告訴百姓，不要再「悖逆-敵檔」神。

來到<可拉>篇這段妥拉同樣也是如此，當<可拉>想要用「自己人意」的方式來「竊取」權柄、奪權，並且「煽動」百姓來「反叛」摩西，眼看情勢就要一發「不可收拾」，耶和華神也是「親自現身-直接制止」這些人意的行動。民 16:19：

> 『<可拉>招聚全會眾到會幕門前，要攻擊摩西、亞倫；
> 耶和華的榮光 就向全會眾 顯現。』

來到民 16:42 也是一樣，耶和華神「親自現身-直接制止」百姓的叛亂和暴動：

> 『會眾聚集 攻擊 摩西、亞倫 的時候，向會幕觀看，
> 不料，有雲彩遮蓋了，耶和華的榮光 顯現。』

除了「耶和華的榮光」直接顯現在會眾前，探子事件和可拉叛亂，耶和華神還用瘟疫「懲罰」以色列百姓，**透過實際的災難和死亡，來強行「介入-終止」瀰漫在以色列全營裡面的這股「分裂-悖逆」的罪惡勢力**，為的就是要讓以色列「前進迦南-得地為業」的任務和使命，最終得以被成就和達成。由此可見，耶和華神真是用心良苦。

是的，若不是出於神的心意和計畫的這些「人為-人意」的行動，**神必定會「強行拆毀」**，信實的神必會讓「祂的旨意和計畫」最終得以「被實現-完成」，就像以色列人最後，在約書亞的領導下，過了約旦河，順利地進入迦南地，「得地為業」。

最後，以約伯記 42:2 這節經文來作為這一段的小結：

> 『我知道，
> 祢萬事 都能做；
> 祢的旨意 不能攔阻。』

# 五、「責任」與「權柄」

在<可拉>篇這段妥拉，我們看到，因著<可拉>的叛亂，導致以色列全營陷入分裂、澈底失控的局面。

身為哥轄族的<可拉>其實已經被賦予負責看守會幕裡，聖所的器具和聖物，但是他「不滿足於」這樣的神聖職分，他沒有盡到他職分上應該要盡的「責任」，他反而是還想要「更大的權柄」。

說的更直白一點就是，<可拉>沒有按照他利未人哥轄族的神聖職分，來引導以色列百姓來「親近」耶和華神，教導他們正確的「獻祭-贖罪」，**反倒是利用了他「自己的權柄」和職分，來興風作浪，「激化」百姓與摩西之間的對立，甚至是與耶和華神的對立，引導百姓去「犯罪」，最後，走上滅亡的道路。**

所以，在<可拉>的叛亂中，也讓我們清楚看到，「**責任**」與「**權柄**」的對照關係。當摩西在和<可拉>對質的過程中，摩西對著一心只想「竊取權柄」的<可拉>說：

『我行的這一切事 本不是憑我自己心意 行的，
　　　乃是耶和華打發我行的，必有證據使你們知道。』民 16:28

摩西對<可拉>說的很清楚，摩西他的帶領，他的每一個決策和決定，**都不是為著自己的**，都『**不是憑我自己心意**』行的，摩西都是「**完全遵照**」耶和華神的旨意，摩西乃是「**完全順服**」耶和華神，來「**肩負**」這項帶領以色列百姓出埃及，進迦南，得地為業的「**重責大任**」。

事實上，對於帶領以色列百姓的這麼一項重大的「**責任**」，和極大的「**權柄**」，摩西從一開始「**就沒有**」想要攬在自己身上。在出埃及記 3:11，當摩西被耶和華神呼召，首次聽到神要給他的這個帶領百姓出埃及的任務和「權柄」的時候，摩西對上帝說：

　　　「**我是甚麼人**，竟能去見法老，將以色列人從埃及領出來呢？」

『摩西對耶和華說：「主啊，我素日 **不是能言的人**，就是從祢對僕人說話以後，也是這樣。**我本是拙口笨舌的。** 」』出埃及記 4:10

來到出埃及記 32 章，在發生金牛犢事件後，摩西甚至還這樣替犯罪的百姓代求，說，出埃及記 32:32：
　　　『倘或你(耶和華) 肯赦免他們的罪
　　　不然，求祢從祢所寫的冊上 **塗抹我 (摩西) 的名。**』

到了民數記，以色列百姓在曠野出了那麼多事，摩西甚至還想要耶和華神把這個帶領百姓的權柄「**收回去**」，民 11:14-15：

　　　『**管理 (承擔-背負) 這百姓** 的 **責任太重** 了，我獨自擔當不起。
你這樣待我，我若在你眼前蒙恩，求你立時將我殺了，不叫我見自己的苦情。 』

上面民 11:14 的經文，和合本翻譯的「**管理**」(לָשֵׂאת) 這個字直接按字面翻譯就是「**承擔-背負**」。

摩西清楚知道，帶領以色列、「**承擔-背負**」著百姓前面的道路和命運，這乃是一項非常嚴肅而沉重的「**責任-使命**」。

所以，再拉回到<可拉>，把<可拉>和摩西兩相對照一下來看，就很清楚了。

<可拉>要的，只是個人的「**權力-權柄**」，<可拉>並不管自己叛亂的行動，會帶給

68

以色列百姓需要「犧牲的代價」有多大，這就相對比於摩西所肩負的重大「責任」和承受「巨大的壓力」，因為摩西，他總是第一個「先為百姓」著想，而寧可願意來「犧牲自己」。

這個，也就是摩西的謙卑和偉大，所以耶和華神才對亞倫和米利暗說：

『他是在我全家 盡忠的 (נֶאֱמָן)。』民 12:7

民 12:3 又說：

『摩西為人 極其謙和 (עָנָו מְאֹד)，勝過世上的眾人。』

是的，透過<可拉>篇這段妥拉，來警惕我們，身為一個屬靈的領導，到底你所重視和在乎的，是你自己「權柄的大小」，還是你更應該要看重的是，你被賦予這個權柄所應該要盡的神聖「使命-責任」。

因為真正的屬靈權柄乃是「來自上帝」，並不是來自於你自己，所以當祢被神賦予權柄的時候，你理當要完成「神所交付」給你的工作和任務，而不是利用這個權柄來「滿足自己」的私慾，做自己的事情。

## 問題與討論：

1. 民數記第五段妥拉標題<可拉>，顧名思義這段妥拉的主角就是<可拉>。<可拉> 為什麼會在民數記 16:3 指控摩西、亞倫：「你們擅自專權！全會眾個個既是聖潔，耶和華也在他們中間，你們為甚麼自高，超過耶和華的會眾呢？」<可拉>這樣指控「背後的動機和目的」是什麼？

2. <可拉>的叛亂之所以能在此時趁機「順勢而起」，形成一股「反摩西」的氛圍和力量，是因為<可拉>做了什麼事情？ 他利用了什麼？ 操作了什麼？

3. 回顧一下民數記，就會發現，其實以色列百姓<在曠野>中出現的狀況、危機甚至是災難，往往都是跟「什麼」有直接關係？

4. 從聖經中我們可以清楚看到，當一些「人意」的作為，是「不屬神」的「犯罪-敗壞」的活動和事件，若是發展到了一種「不可收拾」，或「完全失控」的程度和地步的時候，那麼此時，耶和華神就一定會有什麼樣的反應和作為？

5. 從「**責任與權柄**」的角度，來思考 **摩西** 與<可拉>兩人的差異。

# 民數記 No.6 妥拉

# <律例>篇（פרשת חקת）

## 本段妥拉摘要：

民數記第六段妥拉，標題<律例>，希伯來文(חֻקַּת)。

回顧民數記前幾段妥拉，第三段<燃起-上行>篇，以色列百姓因為抱怨沒有肉吃，結果遭到耶和華神的懲罰，神用最重的災殃「擊殺」他們。來到第四段<打發>篇，因著探子報「惡信」，結果使得以色列全營信心崩盤，以色列百姓又開始抱怨、爭鬧，這招來神的降災懲罰：『這些報惡信的人 都遭瘟疫，死在耶和華面前。民 14:37』 接著進入第五段妥拉<可拉>篇，<可拉>的叛亂又給以色列百姓帶來沉重的打擊，民 16:49 提到：『除了因可拉事情死 的以外，遭瘟疫死 的，共有 一萬四千七百人。』

然後就是本段妥拉<律例>篇，這個所謂的<律例>指的是一個非常特別的「除污-潔淨」的律例，叫做<紅母牛律例>，它是專門為著因為沾染「死屍」不潔而被設立的一個特殊<律例>。這個 <紅母牛律例> 所以在民數記十九章這裡出現，乃是因為，正如前面回顧民數記各段妥拉的「傷亡史」，以色列百姓經歷這麼多的悲劇和災難，全營正處一個瀰漫「死亡」氣息，挨家挨戶都在「守喪」的黑暗時期。

耶和華神為了要讓以色列全營「起死回生」、「谷底反彈」，所以就設立了這個<紅母牛律例>，目的是要給以色列全體百姓帶來「脫離死亡」的除污和潔淨。

而<律例>篇這段妥拉確實也是民數記中，具有一個「關鍵轉折」角色和地位的一段妥拉經文，因為正當以色列全營狀況「跌盪谷底」的時候，現在，在<紅母牛律例>出現後，以色列開始「止跌回升」，而且可以勇敢的，迎接敵人，上場作戰，因此<律例>篇這段妥拉最後，就是以三場「勝利」的戰事，結束了這段妥拉。

# 民數記 No.6 妥拉 <律例> 篇 (פרשת חקת)

經文段落:《民數記》19:1 - 22:1
先知書伴讀:《士師記》11:1-33
詩篇伴讀: 95 篇
新約伴讀:《約翰福音》3:10-21, 12:27-50, 19:38-42、《希伯來書》9:11-28

## 一、 死亡的解藥

民數記第六段妥拉標題<律例>。經文段落從民數記 19 章 1 節到 22 章 1 節。
<律例>這個標題,在民 19:1-2 當中:

『耶和華曉諭摩西、亞倫說:
耶和華命定律法中的一條 律例 乃是這樣說:你要吩咐以色列人,
把一隻沒有殘疾、未曾負軛、**純紅的母牛** 牽到你這裏來』

וַיְדַבֵּר יְהוָה אֶל-מֹשֶׁה וְאֶל-אַהֲרֹן לֵאמֹר.
זֹאת **חֻקַּת** הַתּוֹרָה אֲשֶׁר-צִוָּה יְהוָה לֵאמֹר: דַּבֵּר אֶל-בְּנֵי יִשְׂרָאֵל
וְיִקְחוּ אֵלֶיךָ **פָרָה אֲדֻמָּה תְּמִימָה** אֲשֶׁר אֵין-בָּהּ מוּם אֲשֶׁר לֹא-עָלָה עָלֶיהָ עֹל

這段妥拉的標題: <律例 > (חֻקַּת) 就是希伯來經文民 19:2 的第二個字,這個字
(חֻקַּת) 就是民數記第六段妥拉的標題。

民數記 19 章這裡出現的這個 紅母牛<律例>,乃是為著沾染「死屍」不潔而需
要的一種非常特殊的「除污-潔淨」的流程方式,正如民 19:13-14 所說:

『凡摸了人 死屍、不潔淨自己 的,就 玷污 了耶和華的帳幕,這人必從以色列
中剪除;因為 那除污穢的水 沒有灑在他身上,他就為不潔淨,污穢還在他身上。
**人死在帳棚裏** 的條例乃是這樣:凡進那帳棚的,和一切在帳棚裏的,都必七天
不潔淨。 』

這個用<紅母牛>的灰 所調作的 除污水,是用來解除沾染「死屍」不潔的,我
們說「解毒劑」或者「解藥」。

若按著妥拉分段的邏輯，和民數記經文發展的脈絡來看，**紅母牛<律例>** 必須要在這個時候出現，因為，在 19 章的前面，以色列全營遭遇太多的悲劇和災難，「**死傷**」無數。

從第三段的<燃起-上行>篇開始，民 11:33-34 提到百姓的抱怨，說想要吃肉，結果肉在他們牙齒之間尚未嚼爛，耶和華的怒氣就向他們發作，用最重的災殃 **擊殺** 了他們。那地方便叫做 **基博羅‧哈他瓦** (就是**貪慾之人的墳墓**)，因為他們在那裏 **葬埋** 那起貪慾之心的人。

再來第四段<打發>篇的「探子」事件、民 14:37 提到：『這些報惡信的人 都**遭瘟疫，死** 在耶和華面前。』

然後以色列百姓不聽摩西的話，擅自離營，想要先行進攻迦南，結果**被擊殺、擊退**、民 14:44-45：『他們卻擅敢上山頂去，然而耶和華的約櫃和摩西沒有出營。於是亞瑪力人和住在那山上的迦南人都下來 **擊打** 他們，把他們 **殺退** 了。』

來到第五段妥拉<可拉>叛亂，民 16:31-35 當摩西最後警告<可拉>叛黨這一群人無效的時候，地就裂開，把他們給**吞吃**了：『摩西剛說完了這一切話，他們腳下的地就開了口，把他們和他們的家眷，並一切屬可拉的人丁、財物，**都吞下去**。這樣，他們和一切屬他們的，都 **活活地墜落陰間**；地口在他們上頭照舊合閉，他們就 **從會中滅亡**。又有火從耶和華那裏出來，**燒滅了** 那獻香的二百五十個人。』

民 16:49 又說：『除了因可拉事情 **死** 的以外，**遭瘟疫死** 的，共有 **一萬四千七百人**。』

最後，來到本段妥拉<律例>篇當中的「銅蛇」事件，因著以色列又再度「爭鬧-抱怨」沒有糧食吃，沒有水喝，所以又讓耶和華神降災懲罰以色列百姓。民 21:6：『於是耶和華使火蛇進入百姓中間，蛇就咬他們。以色列人中 **死了許多**。』

以上，回顧民數記的以色列百姓的「傷亡史」，營地當中不斷地在「**死人**」，可以想像，當時全營瀰漫著一股「**死亡**」的氣息，挨家挨戶的帳篷裡，可能每走幾步，就會看到有帳棚在「守喪」，將死去的親人「停屍」在帳棚裡。

所以，以色列全營在經過低迷的士氣、長久的「哀傷」和不斷「死亡」打擊後，民數記的經文敘事發展到第十九章,才會如此需要<紅母牛>這個特別的<律例>，來做沾染死屍「**除污-潔淨**」的動作，從屬靈上來說，<紅母牛律例>對以色列百姓而言就是一個死亡的解藥，它讓以色列全營得以能夠「起死回生」，也正好就是在<律例>篇這段妥拉，以色列百姓開始戰勝恐懼，能夠出去打仗，而且是打

勝仗，在「前進迦南-得地為業」的旅程進度上，開始有具體的進展和表現。

# 二、 紅母牛的預表

一、在尼散月前的一個，特別的安息日：

猶太曆中，在普珥節過後， 和「尼散月」來臨之前，會有一個特別的安息日，叫做「**紅母牛安息日**」，希伯來文叫 (שַׁבַּת פָּרָה)。

尼散月，也就是「正月」 這個耶和華神施展「救恩」，發「神蹟」的月份，是以色列百姓「得拯救」，「脫離」罪惡，「死而復生」的的大日子，靈性「被恢復」「重生」的紀念日。

所以，因著尼散月的「意義重大」，猶太人在尼散月前的這一個的安息日，就會「嚴肅審慎」地來作預備，這是為著尼散月，以及「逾越節」的到來作準備，這個為著尼散月和逾越節作預備的特別的安息日，就叫做 <紅母牛安息日>。

## 二、<紅母牛>的功用：

在以前，猶太人的聖殿還在的時候，祭司和以色列百姓，會在「尼散月-逾越節」來到之前，做好完全「**潔淨-除罪**」的預備動作，好讓他們可以完全地來到耶和華神面前獻祭，獻「逾越節」的祭禮 (民 28:16-31)。而這個完全「潔淨-除罪」的預備動作，就是民 19:1-22 記載的**<紅母牛>條例**，這一個在妥拉中非常特殊的條例。

**<紅母牛條例>**，特別指的是沾染「死屍」而定的「除罪-潔淨」的條例。猶太人認為<紅母牛條例>的出現，是要贖以色列百姓造金牛犢的「死罪」，讓以色列再次「靈命復活」。

若是按著民數記妥拉脈絡讀下來，我們看到，在民數記 19 章之前，發生許多次百姓的抱怨、探子報惡信、可拉叛黨、銅蛇事件...以上這些都招來了耶和華神的「降災」懲罰：有火、有瘟疫、有地震，讓許多以色列百姓「死亡」。

因為太多人「**死亡**」，造成以色列全營「**不潔淨**」，每天都在處理「**死屍**」，以色

列全營籠罩在「**死亡的靈**」當中。因此來到民數記 19 章，<**紅母牛條例**> 適時地出現，為的是要去除沾染「死屍」的不潔淨和罪。

## 三、紅母牛條例的「預表」：

是預表彌賽亞耶穌的「潔淨-除罪」，對象包括以色列百姓和全人類。

如果仔細去看 民數記的<**紅母牛條例**> ，會發現他有著許多和一般獻祭「不同的例外」：

首先、.紅母牛必須要沒有殘疾，此外還要「**純紅、未曾負軛**」，這預表彌賽亞的「**純全無瑕疵**」。哥林多後書 5:21：『上帝使那無罪(不知罪)的，替我們成為罪，好叫我們在他裏面成為上帝的義。』

第二、紅母牛必須要在「**營外**」被宰殺。希伯來書 13:12-13『耶穌要用自己的血叫百姓成聖，也就在「**城門外**」受苦。這樣，我們也當出到「**營外**」，就了他去，忍受他所受的凌辱。』

第三、在<紅母牛條例>中，「獻祭的祭司」**自己會成為**「**不潔淨**」。這表示彌賽亞**自己成為不潔，**「**代替**」**我們被定罪**。這就是羅馬書 8:3 說的：『耶和華神就差遣自己的兒子，成為「罪身」的形狀，做了贖罪祭，在肉體中定了罪案。』

第四、紅母牛除污穢的水「**使人得潔淨**」。啟示錄 1:5：『那誠實作見證的、從死裏首先復活、為世上君王元首的耶穌彌賽亞，有恩惠、平安歸與你們！ 他愛我們，**用自己的血 使我們脫離 (洗去) 罪惡**。』

## 四、紅母牛條例的「末後預表」：

猶太人相信，包括保羅自己也相信，在末後的日子，以色列全體，要再經歷一次大規模的「靈性復活」，靈裡的「尼散月-出埃及」、死而復生。

那末後的日子，正如先知耶利米、以西結都曾預言的，**以色列百姓將會被聖靈澆灌、完全除污-除罪，脫離死亡，得蒙拯救。**

這也就是為什麼在 <紅母牛安息日> 的時候，昔日的猶太聖哲們，被耶和華神啟示，要選擇以西結書 36:16-38 這段經文來搭配伴讀。

『我卻顧惜 我的聖名，就是以色列家在所到的列國中所褻瀆的。「所以，你要對以色列家說，主耶和華如此說：以色列家啊，**我行這事** (召聚你們回到列祖之地，讓你重新復活) 不是為你們，**乃是為我的聖名**，就是在你們到的列國中所褻瀆的。**我要使 我的大名 顯為聖**；這名在列國中已被褻瀆，就是你們在他們中間所褻瀆的。我在他們眼前，**在你們 (以色列) 身上顯為聖** 的時候，**他們 (列國) 就知道我是耶和華**。這是主耶和華說的。我必從各國收取你們，從列邦聚集你們，引導你們歸回本地。我必用清水灑在你們身上，你們就潔淨了。我要潔淨你們，使你們脫離一切的污穢，棄掉一切的偶像。我也要賜給你們 一個新心，將 新靈 放在你們裏面，又從你們的肉體中除掉石心，賜給你們肉心。我必將 我的靈 放在你們裏面，使你們 順從我的律例，謹守遵行我的典章。』以西結書 36:21-27

保羅在羅馬書 11:25-26 說：
『弟兄們，我不願意你們不知道這奧祕（恐怕你們自以為聰明），就是以色列人有幾分是硬心的，等到外邦人的數目添滿了，於是 以色列全家都要得救。如 經上所記：必有 一位救主 從錫安出來，要消除雅各 (以色列) 家的一切罪惡；又說：**我除去他們 (以色列家) 罪的時候，這就是 我與他們「所立的約」**。』

『如果把山羊和公牛的血，和 **焚燒了的母牛的灰**，灑在那些在禮儀上不潔淨的人身上，能夠清除他們的污穢，使他們淨化，那麼，彌賽亞的血所能成就的豈不是更多嗎？藉著那永恆的靈，他把自己當作完整的祭物獻給上帝。他的血要淨化我們的良心，除掉我們的腐敗行為，使我們得以事奉永活的上帝。』希伯來書 9:13-14

# 三、 出埃及了嗎？

『他們從何珥山起行，往紅海那條路走，要繞過以東地。百姓因這路難行，心中甚是煩躁，就 **怨讟** 上帝和摩西說：「**你們為甚麼把我們從埃及領出來、使我們死在曠野呢**？這裏沒有糧，沒有水，我們的心厭惡這淡薄的食物。」』民 21:4-5

來到民數記的 21 章，許多學者認為這段經文講述的行程，已經是以色列百姓在曠野漂流的「最後一年」，也就是第四十年，如果學者的推測沒錯的話，那麼我就會感到有些納悶了，怎麼以色列百姓經過了<在曠野>這些年間的考驗和歷練，

靈命似乎還是老樣子,

<mark>怎麼一遇到沒水喝、沒東西吃,就開始抱怨,而且抱怨的內容總是,為什麼你摩西要帶領我們以色列人「出埃及」,再來,為什麼摩西、耶和華神要把我們帶到曠野來「送死」?</mark>

底下,我們就來作一個以色列百姓<在曠野>抱怨歷史的回顧。

在出埃及記,以色列剛過紅海,進入曠野沒多久,就開始抱怨:『以色列全會眾在曠野向摩西、亞倫發怨言說:「巴不得 我們早死在埃及地、耶和華的手下;那時我們 坐在肉鍋旁邊,吃得飽足。你們將我們 領出來,到這曠野,是要叫這全會眾 都餓死啊!」出埃及記 16:2-3

來到出埃及記 17 章,百姓沒水喝,再度抱怨『百姓在那裏甚渴,要喝水,就向摩西發怨言,說:「你為甚麼將我們從埃及領出來,使我們和我們的兒女並牲畜都渴死呢?」』出埃及記 17:3

來到民數記 11 章,以色列百姓想吃肉,於是又發牢騷抱怨,『他們中間的閒雜人大起貪慾的心;以色列人又 哭號 說:「誰給我們 肉 吃呢?我們記得,在埃及 的時候 不花錢 就 吃魚,也記得有 黃瓜、西瓜、韭菜、蔥、蒜。現在我們的心血枯竭了,除這嗎哪以外,在我們眼前並沒有別的東西。」民 11:4-6

來到探子事件,以色列百姓聽到探子報的「惡信」後,信心崩潰,於是又向摩西、亞倫抱怨,只是這次的抱怨隱含了「叛亂」的因子,因為以色列百姓想要把摩西「拉下來」,另立一個領袖,希望這位新領導可以帶百姓「回埃及」去。民 14:2-3:

『以色列眾人向摩西、亞倫發怨言;全會眾對他們說:「巴不得我們早死在埃及地,或是 死在這曠野。耶和華為甚麼把我們領到那地,使我們倒在刀下呢?我們的妻子和孩子必被擄掠。我們 回埃及去 豈不好嗎?」眾人彼此說:「我們不如 立一個首領 回埃及去吧!」

來到<可拉>篇,<可拉>甚至帶頭-帶領百姓出來叛亂,甚至做出荒謬的指控,因為<可拉>甚至當著摩西和百姓的面前說,埃及才是流奶與蜜之地。民 16:13 可拉對摩西說:『你將我們從 流奶與蜜之地 領上來,要在曠野殺我們,這豈為小事?你還要自立為王轄管我們嗎?』

最後,來到今天分享的<律例>篇,此時已經是以色列百姓在曠野漂流的最後一年,第四十年了,百姓仍然在抱怨,民 20:2-5:

『會眾沒有水喝，就聚集攻擊摩西、亞倫。百姓向摩西爭鬧說：「我們的弟兄曾死在耶和華面前，我們恨不得與他們同死。**你們為何把耶和華的會眾領到這曠野、使我們和牲畜 都死在這裏呢？ 你們為何逼著我們出埃及、領我們到這壞地方呢？** 這地方不好撒種，也沒有無花果樹、葡萄樹、石榴樹，又沒有水喝。 」』

從前面我們所讀的這一連串的「百姓抱怨文」，不外乎就是兩句話：

1. 為什麼你摩西要帶領我們以色列人「出埃及」？！
2. 為什麼摩西、耶和華神要把我們帶到曠野來「送死」？！

以色列百姓一遇到困難，總是會把過去在埃及的生活「美化-浪漫化」，說以前在埃及的生活比較好，然後就開始爭鬧抱怨，為什麼會這樣呢？

這是因為 百姓眼界「短淺」，只看到「眼前」的困難，但其實以色列全營當中有神的隨時的「同在、護衛和供應」，有會幕在其中，會幕的上頭還有耶和華神「榮耀的雲彩」在帶領，白天有雲柱、晚上有火柱，天天吃著天上降下來的神奇嗎哪，怎麼這些以色列百姓都好像「沒有看到」呢？

出埃及，過紅海，以色列百姓在曠野漂流四十年了，是不是還是有些人，其實只是 肉體出埃及，但是靈裡卻還「沒有」出埃及？

## 四、「銅蛇事件」與彌賽亞

『摩西便製造一條 銅-蛇，掛在杆子上；
凡被蛇咬的，一望這 銅-蛇 就活了。』民 21:9

וַיַּעַשׂ מֹשֶׁה **נְחַשׁ נְחֹשֶׁת** וַיְשִׂמֵהוּ עַל-הַנֵּס
וְהָיָה אִם-נָשַׁךְ הַנָּחָשׁ אֶת-אִישׁ וְהִבִּיט אֶל-**נְחַשׁ הַנְּחֹשֶׁת** וָחָי

前面民數記 21:9 的經文中，我們看到，「銅蛇」的希伯來文叫(**נְחַשׁ נְחֹשֶׁת**)，注意到這兩個字「銅-蛇」都有一個共同的字根 (נ,ח,שׁ)

蛇 (נָחָשׁ) 讀音 Nahash.

銅 (נְחֹשֶׁת) 讀音 Nehoshet.

魔法 (נִחוּשׁ) 讀音 Nihush.

這三個字，都可以看到有這三個字母(נ,ח,שׁ) 的字根 在當中。

首先、

蛇 (נָחָשׁ) 這個字還可以拆成兩個字: (נָח+חָשׁ)

休息 (נָח)，讀音 Nach.

迅速 (חָשׁ)，讀音 Hash.

創世記描述，蛇是一切活物當中「最狡猾」。牠平時看似安靜，不動聲色，好像「休息」(נָח) 一般，但在獵物毫不設防的情況下，就被蛇「迅速」(חָשׁ) 攻擊致死。

這就是蛇的「詭詐-欺騙」，也因著蛇本性的「引誘和狡猾」，讓亞當和夏娃犯了罪。從希伯來文的「蛇」(נָחָשׁ) 這個字本身，我們就已經看出蛇「奸詐狡猾」的性格

第二、銅 (נְחֹשֶׁת) 也有著像蛇一般的「魅惑-奸詐」。因為銅的「外觀和顏色」，看起來會讓人「誤以為、錯認為」是:金。所以銅，被稱為 **Fool's** Gold. 會「欺騙、愚弄」人的一種礦物。

銅，就像蛇一樣，具有一種「誤導」人或會「讓人犯錯」的引誘性。

第三、巫術、魔法 (נִחוּשׁ)。魔術表演，正是基於一種「表象的欺騙」，讓人信以為真。再來，古時的人，經常會透過施展巫術，來取得超自然力量，以達到對他人的控制。巫術、法術的出現，乃是基於一種對自然秩序的「不信任」及對自身的「不滿足」所產生的，因此，才需要透過巫術和魔法的手段來達成最終目的。

民數記 21:4-8 所記載的這一段「銅蛇事件」的經文是在講述:以色列百姓埋怨神和摩西，說他們在曠野沒有糧食吃，沒有水喝，心中厭倦「這淡薄的食物」(嗎哪)，於是，耶和華神降災，使火蛇進入百姓中，並咬死他們。百姓哀求，最後神就吩咐摩西，叫他造一個「銅-蛇」(נְחַשׁ נְחֹשֶׁת)，凡被蛇咬的，望這「銅-蛇」就活了。

耶和華神吩咐摩西造一個「銅-蛇」有很深刻的涵義:

首先、兩種都具有「欺騙」性格的東西:「銅-蛇」被放在一起,具有一種「雙重狡詐」的象徵。這是要「告誡」以色列民,當初你們的先祖,就是因為「不信靠」耶和華神,「不滿足」於我耶和華神,因此被蛇「欺騙-誘惑」而得罪上帝。

所以,當以色列百姓抬頭仰望「銅-蛇」時,他們便會想起先祖「犯罪」,從而警惕自己,正如他們現在「不滿足」於上帝所賞賜給他們夠用的飲食,而抱怨、得罪神。

另外,仰望「銅-蛇」,其實就是仰望「自己的罪」,看到自己犯罪的緣由和後果。

再來、因著以色列百姓的「欲求不滿」,想起在埃及時吃的豐盛美食和大魚大肉,於是,怨讟神。神就透過一種「類似法術」的辦法:仰望「銅-蛇」來機會教育祂的百姓。目的要說明: **你們雖是仰望這「銅-蛇」,最終仍然是在仰望「我耶和華神」**。

耶和華神沒有因為以色列百姓的「不滿足、抱怨」,而給他們色香味俱全的魚肉,他們仍然吃著「淡薄的嗎哪」,但以色列民卻「想盡辦法」(魔法) 要「變出-找出」美食,可是怎麼變也變不出來,於是就威脅摩西要他帶領百姓「回埃及」。

耶和華神所供應的其實都是夠用的,只因百姓想滿足「肉體的慾望」,而不信靠順服神。所以耶和華神透過讓以色列民望著「銅-蛇」,使他們思想「自己的罪、悖逆-不義」。


約翰福音 3:14-15、12:32　耶穌說:

> 『摩西在曠野怎樣 **舉蛇**,人子 也必照樣 **被舉起來**,
> 叫一切信祂的都得永生。
> 我若從地上 **被舉起來**,就要吸引萬人來歸我。』

摩西造「銅-蛇」,以色列百姓要來仰望這條「**被舉起來的蛇**」,其實是一個先知性、預言性的活動,因為將來猶太子民要仰望的,就是這位從地上「**被舉起來的彌賽亞**」,人子被立在十字架上。

正如以色列百姓仰望「銅-蛇」會得醫治,在信靠、仰賴這位被十架立起來的彌賽亞:耶穌的同時,「看到」自己的罪惡「被釘死-掛起來」,然後悔改,就得著救贖。

因為，身為彌賽亞 這位拯救醫治者的耶穌，祂「背負」了全人類的「**罪惡**」(就如同「**蛇**」所象徵的)，被立在十字架上，釘死「這罪惡」。所以可以更激進一點的來說，**耶穌就是一個 (肩負全宇宙罪惡) 十惡不赦的 (無) 罪人。**

就正如羅馬書 8:3 所說的： 耶穌取了 有罪的肉身。

事實上，在當時的猶太宗教領袖眼中，耶穌澈底就是「一條邪惡的蛇」，祂膽敢在文士、法利賽人和祭司長面前默認，甚至宣稱: 祂自己就是彌賽亞，這樣干犯「褻瀆」耶和華神的罪，絕對不可赦免。因此，他們讓彼拉多用了羅馬人最羞辱的極刑，將這位自稱是彌賽亞的耶穌，「掛在十字架」上....也就是在這些猶太宗教權利機構的人士眼中，將這條萬惡不赦的蛇，釘死。

這裡，我們也就可以對照耶穌對那些法利賽人和撒督該人所說的，馬太福音 23:33：

> 『你們這些 **蛇類、毒蛇** 之種啊，怎能逃脫地獄的刑罰呢？』

是的，這個在文士、法利賽人和祭司長眼中，宣稱自己是彌賽亞、干犯褻瀆神的大罪人:耶穌，**被立起來/舉起來以後**，卻有萬民歸向祂，仰望祂，敬拜祂，並且帶來生命的醫治和更新。

# 五、 不求戰，不畏戰

在民數記二十一章之前的經文敘事內容，以色列百姓自從「探子事件」開始，中間經歷可拉<叛亂>，再來到<律例>篇這段妥拉，還發生「銅蛇」事件，期間經歷許多的紛爭、喧鬧、撕裂、傷痛、哀傷，甚至死亡，到了民數記二十章，米利暗和亞倫也相繼過世，可以想見，以色列全營此時正陷入 **最黑暗、最低迷、最艱困** 的時期。

但百姓卻很快的振作起來，因為接下來，到了民數記 21 章，以色列和外敵接連發生三次戰爭，而且三次的戰事，以色列人都打勝仗。

只是在這三次的戰事當中，可以清楚看到一個共通點，那就是，以色列人其實並「不是」主動要挑起爭端，發動攻擊的人，他們往往都是「受害者」，被攻擊的

那一方，被攻擊到必須要採取「自我防衛」的時候才會和敵人「被迫」交戰。

首先，和 亞拉得 的交戰，是因為亞拉得王，聽說以色列人準備路過邊境，居然就先攻擊以色列人，還擄了他們幾個人，民 21:1-3：

『住南地的迦南人亞拉得王，聽說 以色列人從亞他林路來，就和以色列人爭戰，擄了他們幾個人。以色列人向耶和華發願說：「你若將這民交付我手，我就把他們的城邑盡行毀滅。」耶和華應允了以色列人，把迦南人交付他們，他們就把迦南人和迦南人的城邑盡行毀滅。那地方的名便叫 何珥瑪(毀滅之意)。』

再來，第二場戰事，對上了 亞摩利人的王西宏，民 21:21-22 先是提到：

『以色列人差遣使者去見亞摩利人的王西宏，說：求你容我們從你的地經過；我們不偏入田間和葡萄園，也不喝井裏的水，只走大道(王道)，直到過了你的境界。』

但結果，以色列百姓得到的回答卻是亞摩利王西宏的「強硬拒絕」，而且還要對以色列人發動攻擊，民 21:23：

『西宏不容 以色列人從他的境界經過，就招聚他的眾民出到曠野，要攻擊以色列人，到了雅雜與以色列人爭戰。』

「不求戰」的以色列百姓，此時面對西宏的軍事威脅，以色列也「不畏戰」，於是民 21:24-25 接著就記載：

『以色列人用刀殺了他(西宏)，得了他的地，從亞嫩河到雅博河，直到亞捫人的境界，因為亞捫人的境界多有堅壘。以色列人奪取這一切的城邑，也住亞摩利人的城邑，就是希實本與希實本的一切鄉村。』

最後，民數記 21 提到的最後一場戰事，是以色列百姓和 巴珊王噩 的戰爭，一樣是巴珊王噩，先對以色列發動攻擊，民 21:33：

『以色列人轉回，向巴珊去。巴珊王噩和他的眾民都出來，在以得來與他們 (以色列) 交戰。』

然後，民 21:34：

『耶和華對摩西說：「不要怕他 (巴珊王噩)！因我已將他和他的眾民，並他的地，都交在你手中；你要待他像從前待住希實本的亞摩利王西宏一般。」』

結果以色列「大獲全勝」，就是 21 章最後一節記載的，民 21:35：

『於是他們殺了他和他的眾子，並他的眾民，沒有留下一個，就得了他的地。』

就這樣，<律例>篇這段妥拉的經文結尾，最後是結束在「**三戰全勝**」的高昂氣勢和「無畏勇敢」的戰鬥之姿，繼續向最後的目標:迦南地繼續挺進，只是等在他們前頭的，仍然是一場又一場的硬仗。

## 問題與討論：

1. 本段妥拉標題為<律例>，這個<律例>指的是一個特別的<律例>叫「**紅母牛律例**」，按著妥拉分段的邏輯，和民數記經文發展的脈絡來看，為什麼來到民數記第六段妥拉會出現「**紅母牛**」這樣特別的<律例>，這個<律例的「功能和作用」是什麼？

2. **紅母牛** 這個非常特別的<律例>是在「預表」什麼？

3. 來到<律例>篇的民數記的 21 章，許多學者認為這段經文講述的行程，已經是以色列百姓<在曠野>漂流的「最後一年」，也就是第四十年，但從以色列百姓<在曠野>最常講的兩句話來看，就是: 第一、為什麼你摩西要帶領我們以色列人「出埃及」。第二、為什麼摩西、耶和華神要把我們帶到曠野來「送死」？你覺得以色列人真的「**出埃及了嗎**」？

4. 「**銅蛇事件**」民數記 21:4-9 這段經文背後的寓意是在講什麼？ 再來，銅蛇事件和耶穌有何關聯？

5. 在民數記二十一章之前的經文敘事，以色列百姓經歷許多的紛爭、喧鬧、撕裂、傷痛、哀傷，甚至死亡，到了民數記第二十章還提到米利暗和亞倫的相繼過世，以色列全營此時正陷入最黑暗、最低迷、最艱困的時期，但百姓卻很快振作起來，因為接下來到了民數記 21 章，以色列和外敵接連發生三次戰爭，在這三次的戰事裡可以清楚看到一個共通點，是什麼？ 這同時也是我們在面對仇敵應該有的作為和態度。

# 民數記 No.7 妥拉

# <巴勒>篇（פרשת בלק）

## 本段妥拉摘要：

民數記第七段妥拉，標題<巴勒>，希伯來文(בָּלָק)。這段妥拉標題之所以是以這位摩押王的名字<巴勒>來命名，乃是因為這位外邦的王，想用「靈界-屬靈」的勢力來「摧毀」以色列，所以<巴勒>去找了當時中東最厲害的術士:巴蘭，要來咒詛以色列，結果咒詛不成，反而說出了許多「祝福」的話。

從巴蘭「咒詛」以色列，結果最後變成「祝福」的這件事，可以清楚看到，在以色列「回歸」迦南應許地的路途上，若遭遇到任何攔阻，或遭逢最大的「敵對-攻擊」勢力時，耶和華神都會「強行介入」，全力「護衛-保守」以色列。

在希伯來聖經的其他書卷中,都一再地銘記這樣的事情,譬如 申命記 23:4-5:『因為你們出埃及的時候,他們沒有拿食物和水在路上迎接你們,又因他們雇了美索不達米亞的毗奪人比珥的兒子 巴蘭 來咒詛你們。然而**耶和華－你的上帝 不肯聽從 巴蘭,卻使那咒詛的言語 變為祝福的話,因為 耶和華－你的上帝愛你。**』

『那時,摩押王西撥的兒子 <巴勒> 起來攻擊以色列人,打發人召了比珥的兒子 巴蘭 來咒詛你們。**我 (耶和華) 不肯聽巴蘭的話,所以他倒為你們 連連祝福。這樣,我便救你們脫離 <巴勒> 的手。**』約書亞 24:9-10

『因為他們沒有拿食物和水來迎接以色列人,且雇了 巴蘭 咒詛 他們,但 **我們的上帝 (耶和華) 使那咒詛變為祝福。**』尼希米記 13:2

<巴勒>篇這段妥拉,最最重要的就是,耶和華神透過巴蘭的口,鉅細靡遺地說出了,以色列 在列國中 所具有的一個「獨特」的使命、位置和角色。

## 民數記 No.7 妥拉 <巴勒> 篇（פרשת בלק）

經文段落:《民數記》22:2 - 25:9
先知書伴讀:《彌迦書》5:7 - 6:8
詩篇伴讀: 79 篇
新約伴讀:《馬太福音》21:1-11、《羅馬書》11:25-32、《彼得後書》2 章、《猶大書》1:11、《啟示錄》2:14

## 一、「靈界的」戰爭

民數記第七段妥拉標題<巴勒>。經文段落從民數記 22 章 2 節到 25 章 9 節。
<巴勒>這個標題，在民 22:2-3 當中：

> 『以色列人向亞摩利人所行的一切事，西撥的兒子 巴勒 都看見了。
> 摩押人因以色列民甚多，就大大懼怕，心內憂急，』

וַיַּרְא **בָּלָק** בֶּן-צִפּוֹר אֵת כָּל-אֲשֶׁר-עָשָׂה יִשְׂרָאֵל לָאֱמֹרִי.
וַיָּגָר מוֹאָב מִפְּנֵי הָעָם מְאֹד כִּי רַב-הוּא וַיָּקָץ מוֹאָב מִפְּנֵי בְּנֵי יִשְׂרָאֵל

這段妥拉的標題: <巴勒 > (**בָּלָק**) 就是希伯來經文民 22:2 的第二個字，這個字 (**בָּלָק**) 就是民數記第七段妥拉的標題。

這一段妥拉之所以命名為<巴勒>，以這位「摩押王的名字」來當作這段經文的標題，這是因為<巴勒>找來當時中東最厲害的一位「術士」，準備要來「咒詛」以色列。

此時，以色列百姓在約旦河東岸，預備要過約旦河進迦南地，但現在所遭遇到的可說是在曠野中所遭逢到「**最大的、最險惡的**」 攔阻和敵對勢力，也就是摩押王<巴勒>和他所找來的這位，法術「最厲害」的先知:巴蘭，要來「咒詛以色列」

因為就正如摩押王<巴勒>自己說的，民 22:6：
『這民比我強盛，**現在 求你來 為我咒詛他們**，或者 **我能得勝**，攻打他們，趕出此地。因為我知道，你為誰祝福，誰就得福；**你咒詛誰，誰就受咒詛。**』

綜覽<巴勒>這一段妥拉，可以歸結出三個重點：

首先、論到以色列，不論是古時的以色列、以至於到了現在的以色列，其實情況都沒有太大改變，以色列只要是「進入-回到-回歸」到這塊應許之地:也就是「以色列地」，那麼以色列就肯定會遭遇到「敵對」勢力，而且是近乎「全面性」的反以色列勢力。

稍微回顧一下，以色列「出埃及-過紅海」前後所遭遇到的「所有的」敵對勢力，這當中有: 法老所代表的埃及帝國、亞瑪力人，還有在上段妥拉提到的以東人、迦南人亞拉得王、亞摩利人的王西宏、巴珊王噩，他們 **全部都不肯 讓以色列人過境，甚至還主動要攻擊以色列人。**

可以說，在以色列人出埃及，曠野漂流，進入迦南-得地為業的一整個「回歸-上行」的路程中，前頭所遇到的異邦異族，幾乎都成了以色列的敵人。

第二、以色列所遭遇到的敵對勢力，其實不只是表面上我們看到的，是一場又一場的「物質-軍事」的戰爭，**這些戰爭的背後，本質上乃是一場「靈界勢力」的戰爭。**<巴勒>篇這段妥拉正好就是要來透顯這個事實。一個世俗、政治勢力的王<巴勒>，他想要透過懂得操作「靈界力量」的術士巴蘭來「咒詛」以色列，也就是，要動用「靈界的超自然」力量來擊潰以色列。

如果以前的世俗政治勢力，曾經用過靈界的勢力想要來摧毀以色列，那麼 21 世紀的今天，還有沒有想要「咒詛以色列」的巴蘭這樣的靈界勢力和政治勢力？

第三、這段妥拉，耶和華神也正是透過巴蘭這位外邦的術士，說出四次關於「以色列」的神諭、預言。

這些神諭和預言很清楚地，**把以色列在列國中「獨一無二」的角色和地位，鉅細靡遺地給描繪出來。** 不論是古時、當代、甚至未來，任何關於「以色列身分」的「本質性」問題，在<巴勒>篇這段妥拉都提供一個永恆性的答覆，而且答案直接來自耶和華神，但諷刺的是，這個答案居然是透過一個「敵對/反」以色列的先知:巴蘭的口說出的。

<巴勒>這段妥拉，猶太先賢搭配 詩篇 79 篇來伴讀，這篇詩篇的內容和<巴勒>這段妥拉的主題「相互輝映」，一起來讀下面這幾節經文，詩篇 79：

**9 拯救我們的上帝啊，求祢因祢名的榮耀 幫助我們** (以色列)！
為祢名的緣故 搭救我們，赦免我們的罪。

10 為何容外邦人說「他們的上帝在哪裏」呢？
**願祢使外邦人知道 祢在我們 (以色列) 眼前**
伸祢僕人 (以色列) 流血的冤。

11 願被囚之人的歎息達到祢面前；
願祢按祢的大能力存留那些將要死的人。

12 主啊，願祢將我們鄰邦所羞辱祢的羞辱
加七倍歸到他們身上。

> 13 這樣，祢的民 (以色列)，祢草場的羊，
> 要稱謝祢，直到永遠；
> 要述說讚美祢的話，直到萬代。

וַאֲנַחְנוּ עַמְּךָ וְצֹאן מַרְעִיתֶךָ
נוֹדֶה לְּךָ לְעוֹלָם
לְדוֹר וָדֹר נְסַפֵּר תְּהִלָּתֶךָ

## 二、「反以」的原型

民 22:5-6，摩押王<巴勒>對巴蘭這樣說到：『有一宗民 **從埃及出來**，遮滿地面，與我對居。這民比我強盛，現在求你來為我 **咒詛他們**。或者我能得勝，**攻打他們，趕出此地。**』

從整本摩西五經(妥拉) 來看，以色列先祖「被迫害」的歷史，首先被提及的是在<後代>篇，創世記 26 章記載 以撒一家被非利士人迫害，創世記 26:12-14：

『以撒在那地耕種，那一年有百倍的收成。**耶和華賜福給他，他就 昌大，日增月盛，成了大富戶。**他有羊群牛群，又有許多僕人，**非利士人就嫉妒他。**』

然後，正如經文描述的，非利士人把以撒所有的水井全部塞住，並且填土。在曠野-沙漠的環境中，沒有固定水源，等於無法生存，非利士人的舉動無異於是要**『置以撒一家於死地』**，此外，亞比米勒王還要把以撒「趕出」本國。

以撒的這樣遭遇，成為後來猶太血淚民族史的一個「先兆」，<後代>篇這段妥拉「預先展示」日後迫害以撒的<後代>，也就是「反以-反猶」的一個「原型」，那就是:當猶太人「發達、強盛」時，常會遭來周邊民族的『猜疑、忌妒、排擠、憎恨、甚至迫害及殺戮』，並且後來的列國，會把猶太人像皮球一樣，踢來踢去、趕散驅逐。就如亞伯拉罕 (好像代表著..他身後所有的後代子孫，所預先明示) 說明的：

　　　　『我 (這個希伯來人) 在你們 (列國) 當中是: 外人，是寄居的。』

以色列百姓/猶太人，除非是生活在應許之地 (以色列地)，否則他們在任何地方都會被當地人看作是「外人」，是「寄居者」。即便猶太人已經「回歸」，回到這塊「應許」之地，列國還是指責以色列: 你們不是本地人，因為這塊地上面已經世居好幾個世代的阿拉伯人，你們猶太人是外來的「外人」，是入侵者。

來到出埃及記，第一段妥拉<名字>篇，同樣記載希伯來人因著當年約瑟當宰相的緣故，在埃及的最肥沃的歌珊地『置了產業，並且 生育甚多』，結果引起新任法老，及埃及人的「忌妒和猜疑」，出埃及記 1:8-10：

『有不認識約瑟的新王起來，治理埃及，對他的百姓說:「看哪，這以色列民比我們還多，又比我們強盛。來吧，我們不如 用巧計待他們，恐怕他們多起來，日後若遇甚麼爭戰的事，就連合我們的仇敵攻擊我們，離開這地去了。」』

就這樣，法老遂展開了一連串「奴役、迫害，到最後是「鼓動」全埃及的「反以」色列行動，出埃及記 1:22：

　　　　『法老吩咐他的眾民 (全埃及帝國的公民和百姓) 說：
　　　　「以色列人所生的男孩，你們都要丟在河裏；」』

時序再來到波斯帝國的亞哈隨魯王，以斯帖記 3:8：

『哈曼對亞哈隨魯王說:「有一種民，散居 在王國各省的民中；他們的律例 與萬民的律例 不同，也不守王的律例，所以容留他們與王無益。」』

猶太人的「特立獨行、與眾不同」被哈曼拿來建言: 消滅猶太人，作為「種族屠殺」的一個「正當理由」。

才距今不久，20 世紀慘絕人寰的納粹「集中營、死亡營」的 種族滅絕，同樣是由一個大張旗鼓的帝國，要動用一整個國家機器和所有人力、資源，為的就是要來「完全消滅」猶太人。

然而，當以色列民/猶太人 遭遇到「滅種、滅族」的危機和厄運時，經文又是怎麼記載 (後續) 的:

1. 首先、當以撒被非利士人的迫害、趕逐時，創世記 26 章後半，講到以撒繼續可以挖到水井，並且耶和華神向這位「以色列」的先祖:以撒 顯現說:『我是你父親亞伯拉罕的上帝，**不要懼怕！因為我與你同在**，**要賜福給你**，並要為我僕人亞伯拉罕的緣故，**使你的後裔繁多**。創 24:23』，接著創 26:28 提到非利士人說:『我們 明明地看見，耶和華與你同在。』

2. 出埃及記開篇，第一段妥拉<名字>篇，法老的迫害、奴役、殺戮以色列百姓的邪惡作為，後來一樣是 耶和華神「強力介入」，耶和華神透過 十災，要來「恢復」以色列百姓的 <名字-身分>，就是:以色列作為耶和華神的「兒子-長子」的身分，同時也向世人來證明一件事: 當以色列「遭難」的時候，這位和以色列先祖曾經「立約」的耶和華神會「守約」並「全力搶救」以色列。耶和華神不僅和埃及帝國，也和將來那要來消滅以色列和耶路撒冷的列國征戰。

3. 以斯帖記的結局是: 耶和華神透過末底改、皇后以斯帖，使得波斯帝國各省的猶太人「得救」，以斯帖記 8:15-17:『**猶大人有光榮，歡喜快樂而得尊貴**。王的諭旨所到的各省各城，**猶大人都歡喜快樂，設擺筵宴**，以那日為吉日。那國的人民，有許多因懼怕猶大人，就入了猶大籍。末底改穿著藍色白色的朝服，頭戴大金冠冕，又穿紫色細麻布的外袍，從王面前出來;書珊城的人民都歡呼快樂。』這個景象，似乎在預告，未來的彌賽亞國度。

4. 德國納粹 1945 年戰敗後，宇宙背後「那隻看不見的手」，似乎又「**進來運作-介入到**」人類歷史中，因為 3 年後的 1948 年，這個才剛經歷過「種族滅絕和死亡厄運」的以色列，在流亡 2000 年之後，竟然奇蹟似地重建國土和回歸家園。以色列的復國，似乎「對應」著彌賽亞:耶穌「被釘死」埋葬在土裡，**3 天後復活**一般。

按著這個 (在妥拉<後代篇>就已經呈現的「被迫害」的歷史原型) 的邏輯順下來，就可以很清楚地理解，撒迦利亞書特別是 14 章的預言: 末後的日子，列國，要與作為以色列的首都的耶路撒冷征戰。末後的日子，列國會傾全力做的一件事: **消滅以色列、分割耶路撒冷**。

那日子，當列國『**踩到耶和華神的底線**』，就像當年埃及帝國的法老所做的一樣，這時候，耶和華神會「**強行介入**」到人類歷史中。

回到<巴勒>篇這段妥拉，我們看到，耶和華神是如何來「**全面攔阻**」這股「反以

色列」、「咒詛以色列」的不論是來自政治的、或靈界的勢力。耶和華神「全力護航」以色列,讓他們在最後「前進迦南-得地為業」的路上得蒙耶和華神的「保守和拯救」。

最後,以民 22:12 這節經文,來作為這一段小結:

上帝對巴蘭說:
「你不可同他們去,也不可咒詛那民,
因為 那民是蒙福的。」

וַיֹּאמֶר אֱלֹהִים אֶל-בִּלְעָם
לֹא תֵלֵךְ עִמָּהֶם לֹא תָאֹר אֶת-הָעָם
כִּי **בָרוּךְ הוּא**

## 三、 巴蘭與驢

在<巴勒>篇這段妥拉中,最耐人尋味的一段經文,就是 **民數記 21:22-35 節**,巴蘭和他的驢「彼此爭執」的敘事,這個爭執起因於巴蘭的驢「看到了」耶和華神的使者檔在路中央,而巴蘭卻「沒有看到」,巴蘭就以為他的驢懶惰了,不想繼續走,於是就毆打他的驢,就是民 22:27 記載的:

『**驢看見** 耶和華的使者,就臥在巴蘭底下,巴蘭發怒,用杖打驢。』

驢被巴蘭無故的毆打後,接下來的經文就更令人訝異,因為耶和華神竟然開了驢的口,民 22:28-30:『 **耶和華 叫驢開口**,對巴蘭說:「我向你行了甚麼,你竟打我這三次呢?」巴蘭對驢說:「因為你戲弄我,我恨不能手中有刀,把你殺了。」驢對巴蘭說:「我不是你從小時直到今日所騎的驢嗎? 我素常向你這樣行過嗎?」巴蘭說:「沒有。」』

最後,當耶和華神也「開了」巴蘭的眼睛,讓巴蘭「也看到」耶和華的使者之後,巴蘭這才恍然大悟,**原來 驢才是對的**,因為耶和華的使者真的檔在路上,而這位名聞遐邇的大先知 巴蘭卻「看不到」耶和華的使者。

所以，耶和華神的使者這樣責問巴蘭：

> 『你為何這三次打你的驢呢？
> 我出來 **敵擋你**（把你當撒旦-敵人），
> 因你所行的，**在我面前偏僻**（行事敵對我）。』民 22:32

這句責問的話，說得非常的重，如果來看希伯來文感覺就會比較深刻，民數記 22:32：

> עַל-מָה הִכִּיתָ אֶת-אֲתֹנְךָ זֶה שָׁלוֹשׁ רְגָלִים
> הִנֵּה אָנֹכִי יָצָאתִי לְשָׂטָן
> כִּי-יָרַט הַדֶּרֶךְ לְנֶגְדִּי

和合本翻的「**我出來敵擋你**」，希伯來文是 (**יָצָאתִי לְשָׂטָן**)，直接翻譯就是：**我出來是把你當「撒旦-敵人」來敵擋你**，因為你巴蘭所行的，在我面前偏僻，這個「**在我面前偏僻**」希伯來文 (**יָרַט הַדֶּרֶךְ לְנֶגְדִּי**)，直接的翻譯就是：**他魯莽地行事走了這條「敵對」我的路**。

在聽到耶和華的使者，這樣強烈的責備後，巴蘭這才知罪、認罪，民 22:34：『巴蘭對耶和華的使者說：「**我有罪了**。我不知道你站在路上阻擋我；你若不喜歡我去，我就轉回。」』

巴蘭雖認罪，但卻 **沒有悔改**，因為巴蘭後來還是去了摩押王巴勒那裡，嘗試「想要咒詛」以色列，但是都被耶和華神「強行制止」，巴蘭的口被迫必須說出祝福以色列的話。

雖然巴蘭「咒詛不成」，但是在他臨走前，還是告訴巴勒王一個「陷害」以色列的「計謀」，就是利用摩押女子和米甸女子的美色，來勾引以色列百姓「犯罪」、犯姦淫和拜偶像，這就是民數記 25 章所講述的事情。

來到民數記 31 章，經文就告訴我們，以色列百姓在什亭「犯姦淫」的原委，原來就是巴蘭的計謀，民 31:16：

『這些婦女因 **巴蘭的計謀**，叫以色列人在毗珥的事上得罪耶和華，以致耶和華的會眾遭遇瘟疫。』

回到<巴勒>篇這段妥拉的一開始，其實巴蘭第一時間，早就知道，他「不能夠」答應<巴勒>王「去咒詛」以色列，理由很簡單，因為以色列是耶和華神手中「寶貴的工作」、列國中「特別的器皿」，以色列是耶和華「神的長子」、是人類「救

「你不可同他們去，也不可咒詛那民，
因為 **那民是蒙福的。** 」民 22:12

但是，巴蘭卻「為利所誘」，為了<巴勒>王所「供奉的重金」，為了「自己的利益和好處」，巴蘭不惜「**違抗-悖逆**」耶和華神的旨意和計畫，決意要去<巴勒>王那裡，「試圖咒詛」以色列。

其實從這個角度來說，巴蘭不像個先知，反而更像是一位「**受雇用」的職業殺手**，是有「合約在身」的殺手，巴蘭所做的，就是照著他的雇主:摩押王<巴勒>所指使的，要去「咒詛-傷害」，甚至「毀滅」以色列。

所以，當巴蘭動身，準備起行，要去到<巴勒>王那裡的時候，耶和華神知道巴蘭早已下定主意要來做這個「咒詛-傷害」以色列的 **這椿生意**，因此，耶和華神非常的生氣憤怒。民 22:22：：

『**上帝 因他去 就發了怒**；
耶和華的使者站在路上敵擋他。』

**וַיִּחַר-אַף אֱלֹהִים** כִּי-הוֹלֵךְ הוּא
וַיִּתְיַצֵּב מַלְאַךְ יְהוָה בַּדֶּרֶךְ לְשָׂטָן לוֹ

民 22:22 接下來的經文開展，就是前文一開始就提及的「巴蘭與驢」的敘事，經文刻意用「**一頭驢**」，來和這位 **中東最厲害的術士、先知**，也就是巴蘭來做一個強烈的對比，用意很清楚，

那就是，一個先知，如果沒有按照「神的心意」而行，並且宣講出「神的話和真理」，那就算這位大先知多麼有「恩膏」，多麼有「恩賜」，多麼有「能力」、多麼有「個人魅力」，這位所謂的「大先知」在耶和華神眼中，是連一頭驢都不如的。

因為真正的先知，是不求自己益處，只求關乎百姓的好處，是急公好義的，是為「**真理、公義**」火熱，最重要的是，真先知只說神要他說的話，做神要他做的事，真先知知道自己不過是神的「**器皿和管道**」。

# 四、 巴蘭的臭名

巴蘭作為一位當時中東世界遠近馳名的先知、術士，應該是眾所皆知的事情，因為民 22:5-6 記載：

『摩押王巴勒差遣使者往大河邊的毗奪去，到比珥的兒子 巴蘭 本鄉那裏，召巴蘭 來，說：「有一宗民從埃及出來，遮滿地面，與我對居。這民比我強盛，現在求你來為我咒詛他們，或者我能得勝，攻打他們，趕出此地。因為 我知道，你為誰祝福，誰就得福；你咒詛誰，誰就受咒詛。」』

民 22:6 的經文清楚的告訴我們，摩押王<巴勒>知道巴蘭有駕馭「靈界、超自然」的能力，也有預測未來，得知「啟示和奧秘」的特殊恩賜。

事實上，巴蘭這位所謂的先知，在猶太人的解經傳統裡，是一位能和摩西相提並論的先知，因為這兩個人「獲得啟示」的方式，都是藉由耶和華神「直接說話」的方式來溝通的。

也正如<巴勒>篇這段妥拉的經文所顯示的，**耶和華神的確常常和 巴蘭「直接說話」**，也就是說，巴蘭這位外邦先知，是一位被耶和華神「看重-使用」的先知，所以耶和華神會主動向巴蘭顯現，並告訴他一些重要的信息。

或許，在巴蘭咒詛以色列這件事發生之前，巴蘭很有可能就是一個被耶和華神倚重的「外邦先知」，他聲名遠播，巴蘭作為一位大先知的「**屬靈恩賜-能力**」也是大家都知曉的，所以摩押王<巴勒>才會千里迢迢地去找巴蘭。

<巴勒>王「重金禮聘」巴蘭，要巴蘭來一趟摩押地，來「咒詛」以色列，但耶和華神「強烈制止」巴蘭，所以，『上帝對巴蘭說：「**你不可同他們去，也不可咒詛那民，因為 那民是蒙福的。**」巴蘭早晨起來，對巴勒的使臣說：「你們回本地去吧，因為 耶和華「不容」我和你們同去。」民 22:12-13』

但耶和華神至終還是攔不住「貪婪的巴蘭」，巴蘭最後還是為了錢、為了「自己的利益」冒險地去了，因為巴蘭這次想要「利用」他先知的超自然-屬靈的「恩賜和能力」來大賺一票，只不過，耶和華神還是耳提面命地告訴巴蘭說：『只准說我耶和華神要你說的話』，所以 22 章的經文，三次提到這件事：

『當夜，上帝臨到巴蘭那裏，說：「這些人若來召你，你就起來同他們去，
**你只要遵行我對你所說的話。」』民 22:20**

『耶和華的使者對巴蘭說：「你同這些人去吧！
**你只要說我對你說的話。」』民 22:35**

『巴蘭說：「我已經到你這裏來了！現在我豈能擅自說甚麼呢？
**上帝將甚麼話傳給我，我就說甚麼。」』民 22:38**

耶和華神雖然在一開始就已清楚地告訴巴蘭說：『不可同他們去，也不可咒詛以
色列民，因為以色列民是蒙福的。』

但巴蘭還是去到摩押王<巴勒>那裏，儘管巴蘭到了摩押，試圖咒詛以色列，但卻
沒有咒詛成功，可是，在巴蘭要離去之前，卻向<巴勒>王獻計要用「美人計」，
也就是用摩押女子和米甸女子來「引誘」以色列百姓「犯罪、跌倒」，結果這一
設計奏效，成功地傷害到以色列百姓。

再回到前文一開始說的，也許巴蘭一開始是作為一個耶和華神所倚重和使用的
「外邦先知」，但自從先知巴蘭被摩押王<巴勒>用金銀財寶「利誘」，為求「自
己的好處」，利用自己作為先知的「特殊位分」，和他所具有的屬靈啟示的「恩賜
-能力」，而不惜「違抗-悖逆」耶和華神，去咒詛以色列後，巴蘭的名聲就臭了，
而且是遺臭萬年。

在整本聖經中，關於巴蘭的「臭名」，一路從民數記，一直記到啟示錄，

民 31:16 首次提到，摩押女子和米甸女子的「勾引」設計，原來就是巴蘭的計謀：
『這些婦女因 **巴蘭的計謀**，叫以色列人在毗珥的事上 **得罪耶和華**，以致耶和華
的會眾 **遭遇瘟疫**。』

約書亞 13:22 提到巴蘭的下場：『在以色列人 **所殺的人** 當中，有比珥的兒子 **占
卜者巴蘭**。』

來到新約，彼得後書 2:15-16：

『他們離棄正路，就走差了，隨從比珥之子 **巴蘭** 的路。
**巴蘭** 就是 **那貪愛不義之工價的先知**，他卻為自己的過犯受了責備；
**那不能說話的驢** 以人言，攔阻 **先知的狂妄**。』

使徒彼得在這兩節經文中，直言不諱地「強力批判」巴蘭，說巴蘭是圖謀自己利益、貪愛「**不義之工價**」的先知，重點就在於巴蘭答應<巴勒>王所做的事情乃是「不義」之工，因此所得的工價當然也就是「不義」之工價。但為何會如此呢，這就是彼得接著要批判的第二點，

彼得說巴蘭是「**狂妄的**」先知，意思就是巴蘭「**目中無神**」，巴蘭的狂妄，是狂妄到眼裡「沒有」耶和華神，所以巴蘭膽敢公然地「**悖逆-違抗**」耶和華的旨意，要去到<巴勒>王那裡「咒詛-傷害」以色列百姓，所以在巴蘭起身前往摩押地的路上，才會遭遇耶和華神的使者的「攔阻」，並且神讓這頭驢來對巴蘭「訓話」

再來看猶大書 1:11：
『他們有禍了！因為走了該隱的道路，又 **為利 往巴蘭的錯謬裏 直奔**，並在可拉的背叛中滅亡了。』

整本聖經最後一處記到巴蘭的經文，在啟示錄 2:14：

『然而，有幾件事我要責備你：
因為在你那裏有人服從了 **巴蘭** 的教訓；
這 **巴蘭** 曾教導 <巴勒> 將絆腳石 放在以色列人面前，
叫他們吃祭偶像之物，行姦淫的事。』

巴蘭，這位原來是在當時中東世界頗負名望、聲譽卓越的先知，這一位是耶和華神會與之交通、「直接說話」的外邦先知，本來應可以在歷史上留下好名聲，但卻因受到「錢財的誘惑」，接受「不義之工價」的利益，而利用自己作為先知的「特殊職分」，和屬靈啟示的「恩賜-能力」，不惜與耶和華神「為敵」，行事與耶和華神「相反」，結果留下臭名，以至於整本聖經都在記錄巴蘭的邪僻乖謬，其實目的就是要警惕我們每一個讀經的人：

在神面前，應當要敬畏神、誠實無妄、恨不義之財。

## 五、 四個神諭

如果要論到以色列在列國中的「獨特性」，那麼<巴勒>篇這段妥拉正是提供了一個非常清楚的內容，而且，這個內容還是耶和華神，透過一「外邦先知」的口所說出來的。

在巴蘭論到以色列的四次神諭，或者說四次祝福中，首先須要說的是，**這些神諭的內容，完全都是「來自耶和華神」的，耶和華神透過巴蘭的口，來告訴周遭的列國，以色列「獨特-特殊」的地位和使命。**

首先，第一個神諭，主要是論到了以色列的「起初」，在民 23:7-10，我們看民 23:9 這節重點經文，若按照原文直接翻譯就是：

『從他們的起初-本源，我看他們是(堅固的)磐石，我看他們如山丘。
這是 獨居的民，不列在萬民中。』

כִּי-מֵרֹאשׁ צֻרִים אֶרְאֶנּוּ, וּמִגְּבָעוֹת אֲשׁוּרֶנּוּ
הֶן-עָם לְבָדָד יִשְׁכֹּן וּבַגּוֹיִם לֹא יִתְחַשָּׁב

民 23:9 說得很清楚，這節經文其實具體說明了，從耶和華神揀選「亞伯拉罕-以撒-雅各」這支「**救贖歷史**」發展的人類血脈開始，耶和華神就特意地去「**堅固-護衛**」這個後來被稱為「以色列」的家族，所以經文才說：『從他們的起初-本源，我看他們是 (堅固的) 磐石。』

再來，民 23:9 後半句說以色列是：『**獨居的民，不列在萬民中。**』這乃是論到了以色列身分的「**獨特性**」，因為天下只有以色列「親身經歷」神大能的手、十災、出埃及、過紅海、西奈山領受十誡，成為祭司的國度-聖潔的子民，作為列國的光，這民:以色列乃是耶和華神與之「立約」和交往的民族，他們成為「**救贖歷史**」的運作軟體，乃是人類歷史發展的最重要的一條主線。(申命記 4:32-35)

說以色列「**不列在萬民中**」，這是因為在末後的日子，神會抵擋-拆毀列國的工作，但卻會特意「護衛-保留」以色列的餘民，耶利米書 30:11：

『 因我與你同在，要拯救你，也要將所趕散你到的那些國滅絕淨盡，
卻不將你 滅絕淨盡，倒要從寬懲治你，萬不能不罰你。這是耶和華說的。 』

再來，第二個神諭，民 23:21-23：

『祂未見雅各中有罪孽，也未見以色列中有奸惡。
耶和華－他的上帝和他同在；有歡呼王的聲音在他們中間。
上帝領他們出埃及；他們似乎有野牛之力。
斷沒有法術可以害雅各，也沒有占卜可以害以色列。
現在必有人論及雅各，就是論及以色列說：上帝為他行了何等的大事！』

第二個神諭，是論到了以色列當前的處境，本來是被摩押王<巴勒>找了巴蘭要來「咒詛」以色列的，但耶和華神卻透過巴蘭的口說出了「神要列國聽的話」，那就是:在以色列中，不論是他們紮營、或拔營起行，都有耶和華「神在其中」，與他們「同在」，所以沒有任何惡勢力可以傷害以色列，因為耶和華神正是要透過以色列民的「回歸」這件事，來清楚表明這就是「神的心意-計畫」和工作。

第三個神諭，講到以色列將來過約旦河，進入迦南地，得地為業後，會富國強盛，並且也會將「神的居所」，也就是 聖殿，立在以色列境內，讓耶和華真神的名得以傳於外邦，這就是民 24:5-8 所說的：

『雅各啊，你的帳棚 何等華美！以色列啊，你的帳幕 何其華麗！6 如接連的山谷，如河旁的園子，如耶和華所栽的沉香樹，如水邊的香柏木。7 水要從他的桶裏流出；種子要撒在多水之處。他的王必超過亞甲；他的國必要振興。8 上帝領他出埃及；他似乎有野牛之力。他要吞吃敵國，折斷他們的骨頭，用箭射透他們。』

最後，第四個神諭，也是最重要的一個神諭，因為在這個神諭中論到了將來在以色列要出來的「彌賽亞」、以色列的王，民 24:17：

『有星 要出於雅各，有杖 要興於以色列，
必打破摩押的四角，毀壞擾亂之子。』

דָּרַךְ כּוֹכָב מִיַּעֲקֹב וְקָם שֵׁבֶט מִיִּשְׂרָאֵל
וּמָחַץ פַּאֲתֵי מוֹאָב וְקַרְקַר כָּל־בְּנֵי־שֵׁת

關於這個「星」，或者是象徵「王權」的 權杖，有些猶太解經家認為是大衛，也有的認為其實就是彌賽亞，不過，不論是誰，這個人都肯定是「以色列-猶大支派-大衛家」的「聖約血脈」後裔。

而說到「這個星」，這讓我們想到當年耶穌降生在伯利恆的時候，天上正是出現了一顆「明亮之星」，馬太福音 2:1-2：

『當希律王的時候，耶穌生在猶太的伯利恆。有幾個博士從東方來到 **耶路撒冷**，說：「那生下來作 **猶太人之王** 的在哪裏？ 我們在東方看見 **他的星**，特來拜他。」』

彌賽亞耶穌，作為「以色列-猶大支派-大衛家」的「聖約血脈」後裔，這個事實是非常重要的，因為耶穌作為「**以色列的彌賽亞**」、「**猶太人的王**」的來到，不論是第一次來或第二次來，祂首要關注和「拯救-救贖」的都是 **以色列**，因為耶穌自始至終，都是作為一位「**以色列的彌賽亞**」、「**猶太人的王**」而來到世上的 。

所以這也就是為什麼，馬太和路加在他們的福音書的起頭，都要花這麼大的篇幅，去交代、回溯「耶穌的家譜」，就是為了要證明耶穌在肉身的血脈上，是出自『**亞伯拉罕的後裔、以色列家、猶大支派、大衛的子孫**』。最後，來讀一段路加福音的經文，來作為本段的小結，路加福音 1:31-33, 54-55, 67-75：

『妳要懷孕生子，可以給他起名叫 **耶穌**。他要為大，稱為 **至高者的兒子**；
主上帝 **(耶和華)** 要把他祖 **大衛的位** 給他。
他要作 **雅各 (以色列)** 家的王，直到永遠；**他的國** 也沒有窮盡。』

『祂 **(耶和華神)** 扶助了祂的僕人以色列，為要記念 **亞伯拉罕和他的後裔**，
**施憐憫直到永遠**，正如從前對 **我們列祖** 所說的話。』

『他 (施洗約翰) 的 父親撒迦利亞被聖靈充滿了，就預言說：
主－以色列的上帝 **(耶和華)** 是應當稱頌的！
**因祂眷顧祂的百姓，為他們施行救贖，**
在他僕人 **大衛家** 中，為我們興起了 **拯救的角**，
正如主 **(耶和華神)** 藉著從創世以來聖先知的口所說的話，
拯救我們脫離仇敵和一切恨我們之人的手，
**向我們列祖施憐憫，記念祂的聖約** 就是 祂對我們祖宗亞伯拉罕所起的誓
叫我們既 **從仇敵手中被救出來** 就可以終身在祂面前，
坦然無懼地用聖潔、公義事奉祂。』

## 問題與討論：

1. <巴勒>這段妥拉的標題是以這位摩押王的名字<巴勒>來命名，這是因為，這位外邦的王想要用「**靈界-屬靈**」的勢力來「摧毀」以色列，所以<巴勒>去找了當時中東最厲害的術士: **巴蘭**，要來咒詛以色列。這就具體地說明以色列所遭遇到的敵對勢力，其實不只是表面上我們看到的，是一場又一場的「物質-軍事」的戰爭，這些戰爭的背後，本質上乃是一場「什麼樣的」的戰爭？

2. 如果創世記 26 章以撒被非利士人「無故迫害、驅逐」的事件，可以被看作是「反以-反猶」的原型 的話，那你覺得「反以-反猶」的原因何在？ 為什麼歷史上總會有「反以-反猶」的情況和現象，而且「反」到一個「極度非理性」的程度要把猶太人「種族滅絕」？

3. 為什麼在民數記 22:21-35 這段經文中，刻意用了「**一頭驢**」，來和這位中東最厲害的術士、先知，也就是巴蘭，來作一個強烈的對比，經文這樣「對比」的用意和目的是什麼，經文想要表達什麼信息？

4. 從這個貫穿整本聖經，並且一在反覆被提及「**巴蘭的臭名**」當中，神特別要「警惕」我們什麼？

5. 若是論到 **以色列在列國中的**「**獨特性**」，那麼<巴勒>篇這段妥拉正是提供一個非常清楚的內容，而且，這個內容還是耶和華神，透過一位「外邦先知」的口所說出來的。在巴蘭論到以色列的「**四次神諭**」中完全都是「來自耶和華神」的，是耶和華神要透過巴蘭的口，來告訴周遭的列國，以色列「**獨特-特殊**」的地位和使命。請問這「**四次神諭**」的內容在說什麼？

# 民數記 No.8 妥拉

# <非尼哈>篇 (פרשת פינחס)

## 本段妥拉摘要:

民數記第八段妥拉,標題<非尼哈>,希伯來文(פִּינְחָס)。

接續上段<巴勒>篇的悲劇,以色列百姓在什亭所犯的淫亂和拜偶像的罪,惹動耶和華神的憤怒,導致營中死了兩萬四千人。

來到本段妥拉起始處,立刻就提到<非尼哈>的「為神火熱」,<非尼哈> 他的「以神的心」為心,以「神的忌邪」為忌邪,所以才立刻止住瘟疫,不讓進一步的傷亡在以色列營中擴大,這就是民 25:11 所說的:

『祭司亞倫的孫子,以利亞撒的兒子<非尼哈>,**使我向以色列人所發的怒 消了;** 因他在他們中間,以 **我的忌邪** 為心,使我不在忌邪中把他們除滅。』

因著<非尼哈>為耶和華神「火熱」,所以他的即時出手才使得,此時已在約旦河邊準備要過河,進入迦南地的以色列百姓,可以趕快「回過神」來,立刻「回穩」,然後,讓接下來的「前進迦南-得地為業」的最後「預備」工作,得以順利地繼續進行,這就包括接下來幾章依序提到的:

26 章的以色列的「世代交替」,這是過約旦河前最後一次的大規模人口數點、重新徵兵、和預備分地。

27 章的以色列的「領導交棒」,由摩西傳承給約書亞。

28、29 兩章,以非常宏大的篇幅再次告訴以色列百姓,他們「前進迦南-得地為業」之後,所應該要做的事情,就是常常「紀念」耶和華神,每日、每週、每月、每個節期,時常向耶和華神來「獻祭-感恩」。

# 民數記 No.8 妥拉 <非尼哈> 篇 （פרשת פינחס）

經文段落:《民數記》25:10 - 29:40
先知書伴讀:《列王記上》18:46 - 19:21
詩篇伴讀: 50 篇
新約伴讀:《約翰福音》2:13-22、《羅馬書》11:2-32

## 一、 為神「火熱」

民數記第八段妥拉標題<非尼哈>。經文段落從民數記 25 章 10 節到 29 章 40 節。
<非尼哈>這個標題，在民 25:10-11 節當中：

『耶和華曉諭摩西說:
「祭司亞倫的孫子，以利亞撒的兒子 非尼哈，使我向以色列人所發的怒消了；
因他在他們中間，以我的忌邪為心，
使我不在忌邪中把他們除滅。」

וַיְדַבֵּר יְהוָה אֶל-מֹשֶׁה לֵּאמֹר.
פִּינְחָס בֶּן-אֶלְעָזָר בֶּן-אַהֲרֹן הַכֹּהֵן הֵשִׁיב אֶת-חֲמָתִי מֵעַל בְּנֵי-יִשְׂרָאֵל
בְּקַנְאוֹ אֶת-קִנְאָתִי בְּתוֹכָם
וְלֹא-כִלִּיתִי אֶת-בְּנֵי-יִשְׂרָאֵל בְּקִנְאָתִי

這段妥拉的標題: <非尼哈> (פִּינְחָס) 就是希伯來經文民 25:11 的第一個字，這個字(פִּינְחָס) 就是民數記第八段妥拉的標題。

<非尼哈>這個代表「為神火熱」的狂熱分子，在這段妥拉中扮演一個非常關鍵的角色。

首先，<非尼哈>收拾了上段妥拉遺留下來的殘局，或者說嚴重的後果。在上段妥拉<巴勒>篇，以色列百姓遭遇到出埃及在曠野漂流以來，最重大的一次襲擊，而且這個攻擊，是從靈界來的屬靈攻擊，來勢洶洶，是一股強大的「下壓」力量，是要把以色列往下壓，壓的死死，這個就是本來 (可能) 會發生的災難: 巴蘭的咒詛。

但因著耶和華神的「強勢介入」，使巴蘭一句咒詛的話都不能從他口裡說出，反而還說出許多「祝福以色列」的言語，當然，這些「祝福」的言語並不是來自巴蘭本人的意願，因為巴蘭心裡早已打定主意要「咒詛」以色列，可是耶和華神硬是把巴蘭當成一個「傳話工具」，透過巴蘭的口，而說出許多「神的旨意和計畫」，也就是關於「以色列」的角色、命定的真理。

而當前，以色列正是要去完成耶和華神所指派給他們的任務，也就是「前進迦南-得地為業」，這個任務同時也是耶和華神在「救贖歷史」中，一個需要「被成就」的計畫和旨意。所以，耶和華神才會這麼「百般護衛」以色列，讓以色列百姓可以經過迦南人、以東人、摩押人、亞摩利人、亞們人這些外族人的境地，儘管這些外族人「都不願意」讓一條路給以色列人經過，甚至都還要主動向以色列「發動戰爭」，**但耶和華神都 一路保守-護衛 以色列。**

直到要經過摩押人的境界，摩押人的王<巴勒>找來當時中東最厲害的術士:巴蘭來咒詛以色列，雖最後咒詛不成，可是巴蘭向<巴勒>王獻計，給出一個計謀，就是用摩押女子和米甸女子去引誘以色列拜偶像、行淫亂。

這個計謀奏效了，而且也「重傷」以色列，以色列百姓因為在什亭犯的拜偶像和淫亂的罪，遭來耶和華神的懲罰，有兩萬四千人死於瘟疫。

正當這個瘟疫看似要繼續擴散，以色列死傷人數繼續增加的時候，有一個人趕緊跳出來，「阻止」瘟疫的蔓延，也「強行中止」以色列人淫亂的罪行，這個人就是<非尼哈>。

<非尼哈>看到，以色列營中道德淪喪、秩序崩壞，因為就連支派宗族的首領，都公然的帶米甸女人進到以色列營地內，甚至進到支派領袖的帳篷裡行苟合之事。

所以，為耶和華神火熱的<非尼哈>看見以色列營地當中如此崩壞的景況時，不惜冒著自己的性命危險，就從會中起來，手裏拿著槍，跟隨那以色列人進亭子裏去，便將以色列人和那女人由腹中刺透。這樣，在以色列人中瘟疫就止息了。民25:7-8

<非尼哈>的 為神火熱，乃因<非尼哈>清楚知道耶和華神的旨意和計畫，他知道神給以色列的使命和命定，是要他們「前進迦南-得地為業」，所以當以色列營地中，竟然發生內部有支派首領「公然淫亂、拜偶像」的事情時，<非尼哈>深知這事態非常嚴重，這會讓神要以色列百姓前進迦南的進度拖延，甚至是被攔阻，或中斷，所以這段妥拉，起始的經文民25:11才這樣說到:

『祭司亞倫的孫子，以利亞撒的兒子<非尼哈>使我的怒氣轉離以色列人；
在他們中間，他以 **我的忌邪** 為 **他的忌邪**，
使我沒有在 **我的忌邪** 中把以色列人除滅。』

**פִּינְחָס** בֶּן-אֶלְעָזָר בֶּן-אַהֲרֹן הַכֹּהֵן הֵשִׁיב אֶת-חֲמָתִי מֵעַל בְּנֵי-יִשְׂרָאֵל
בְּ**קַנְאוֹ** אֶת-**קִנְאָתִי** בְּתוֹכָם
וְלֹא-כִלִּיתִי אֶת-בְּנֵי-יִשְׂרָאֵל בְּ**קִנְאָתִי**

在民 25:11 這節經文中，有一個字，一連出現三次，就是「忌邪」(**קִנְאָה**) 這個字，這個希伯來字直接翻譯就是 **妒忌**，或是「為...火熱-狂熱」，也就是說 耶和華神「愛」以色列，為以色列這個從埃及所領出來的百姓「**大發熱心**」，使以色列成為耶和華「神自己的民」，與他們「立約」，要使他們「成聖」，成為『祭司的國度、聖潔的子民』，要他們前進迦南-得地為業，成為列國的光。

上文說的這些，其實就是 耶和華神對以色列的「忌邪-火熱」(**קִנְאָה**)，因此神不允許「外邦的神」成為以色列人的神，神也不允許「列國」去攔阻耶和華神對以色列的救贖計畫，這就是因為: 神對以色列是「忌邪-火熱」、耶和華神為以色列火熱。

正因<非尼哈>『以 神的心 為心』，『以 神的火熱 為火熱』，所以，才能使以色列百姓幸免於難。

也因著<非尼哈>的「為神火熱」，才給這段妥拉接下來的發展，使以色列百姓又得以「**重新回到**」為著「前進迦南」，做最後準備的重要工作上，所以後面的經文段落就依序提到: 為著前進迦南，再次做出數點百姓、徵兵的動作、以色列百姓進入「換血」的過程，新的一代要起來預備戰鬥、還有西羅非哈的女兒們也為著「前進迦南-得地為業」火熱，然後是領袖交班，以色列的領導由摩西傳承給約書亞，最後則是 28-29 章篇幅宏大的獻祭。

是的，因著<非尼哈>對耶和華神的火熱，使得以色列能「**再次穩住**」、「**恢復**」，「**繼續維繫**」神給他們的使命和命定。

這樣也就讓我們清楚看到，<非尼哈>是以「神的火熱」為火熱來侍奉的人，不是以「自己的火熱」為熱情來服事的人，因為若是以「自己的火熱」為熱情來服事的人，那這個就是<可拉>，人意的工作，最後帶來的是分裂、和毀壞。

## 二、 情慾收敗壞

> 『**體貼肉體的 就是死**，體貼聖靈的乃是生命、平安。
>　　原 來**體貼肉體的 就是 與神為仇**。』羅馬書 8:6-7

> 『因為 **情慾** 和 **聖靈相爭**，**聖靈** 和 **情慾相爭**，
> 這兩個是**彼此相敵**，使你們不能做所願意做的。
> 情慾的事都是顯而易見的，就如姦淫、污穢、邪蕩、拜偶像
>　　**行這樣事的人 必不能承受上帝的國**。』加拉太書 5:17-21

在上段妥拉<巴勒>篇，以及本段<非尼哈>篇，我們看到，以色列百姓在曠野漂流的第四十年，快要進入尾聲之際，準備要過約旦河，竟在約旦河東，在進入迦南地前的最後一站，居然犯下「**姦淫**」和「**拜偶像**」這兩個在耶和華眼中看為最嚴重的罪。

以色列百姓在前進迦南-得地為業之前的「最後一站-最後一刻」，竟是 **敗給自己**，竟然是 **自己跌倒**，因著「**體貼肉體-放縱情慾**」的事情而跌倒，這實在值得借鏡和警惕。

仔細來思想一下，以色列百姓在什亭所犯的淫亂和拜偶像的罪，之所以「非常嚴重」，乃是在於底下幾點:

首先、這應該是以色列百姓頭一次「**沒有原因、毫無緣由地**」去犯罪，先前百姓的犯罪，都是因為沒東西吃、沒水喝、或是曠野生活困苦，而讓以色列百姓小信、抱怨、爭鬧，說想要回埃及去而來的犯罪，但是這次在什亭的淫亂和拜偶像，卻不是因為在生活上有什麼樣的缺乏而抱怨犯罪，**純粹只是肉體的情慾放縱**。這個肉體的淫亂，出現在以色列營地當中，是一個警訊。

第二、雖然以色列百姓在西奈曠野，一路上都在學習領受耶和華神的律例、典章、法度的教導和帶領，他們答應耶和華神要成「祭司」的國度、「聖潔」的子民，但現在來到約旦河東，以色列百姓漸漸「離開」人煙罕至的「無人」曠野的環境，**開始接觸到異邦異族，看到這些人的文化風俗，甚至是外邦女子**，但就在快要過約旦河、進入迦南地的同時，和這些鄰邦外族的人接觸以後，**竟然就這麼容易地被勾引、被誘惑，隨從他們的女人一起生活，也隨從他們的異教風俗，開始去拜偶像**，這也是一個警訊，那就是以色列在接觸到外邦後，敗壞的速度是如此之快。

第三、來到民數記後面，我們看到，出埃及那一代的以色列人都凋零、死去，在什亭犯罪的以色列人，是「在曠野中」出生、長大的「新一代」以色列人，在新一代的以色列人，比較沒有老一輩以色列人出埃及所具有的「軟弱」和「奴性」，但雖然如此，**這群被寄予厚望要前進迦南-得地為業的「新一代」以色列年輕人，卻也在過約旦河前的第一次試驗給擊敗**，也就是在什亭外邦女子的引誘上面，跌倒。所以，這又是一個警訊，新一代的以色列青年，雖然已經「要進入」迦南地，但卻似乎「還沒有」預備好自己，「去抵抗」異邦文化和女人的誘惑。

最後、其實是回到前面的第一點，以色列百姓過約旦河之前，最後所犯的罪，不是別的什麼其他的罪，正好就是 **肉體的淫亂**，和 **屬靈的淫亂:拜偶像的罪**，這一點意義非常重大，可以說，**日後以色列的敗壞-亡國，歸根結柢，就在於這兩件事上: 肉體的淫亂，和屬靈的淫亂:拜偶像的罪**。

其實，回顧上段妥拉<巴勒>篇，耶和華神已經「強行介入」，並且「保護-守衛」以色列倖免於巴蘭的咒詛了，照理說<巴勒>請巴蘭咒詛的經文敘事應該就是斷在民 24:25 才對:

> 『於是巴蘭起來，回他本地去；<巴勒>也回去了。』

但沒想到，以色列人還是被引誘去犯罪，自己跌倒，所以，巴蘭咒詛的故事又多了這個「節外生枝」的部分，於是民數記 25 章接下來就繼續記載，民 25:1-3:

> 『以色列人住在什亭，百姓與摩押女子 **行起淫亂**。因為這女子叫百姓來，一同 **給她們的神獻祭**，百姓 **就吃** 她們的祭物，跪拜她們的神。以色列人 **與巴力‧毗珥連合**，耶和華的怒氣 就向以色列人發作。』

巴蘭的咒詛不成，其實耶和華神已經是「強行介入」來「保守-護衛」以色列百姓，神「已經解救了」以色列免於敵人的屬靈攻擊，但剩下來的，還是要看以色列百姓自己，以色列百姓必須要抵擋得住外邦女子的誘惑，否則神也「救不了」這些「放縱」肉體情慾，與外邦女子聯合的以色列男丁。

以色列若需要有耶和華神「完全的守衛和保護」，那麼 以色列百姓「自己」必須「要聖潔」、營地必須「要聖潔」，就如申命記 23:14 所說:

> 『因為耶和華－你的上帝，**常在你營中行走**，
> 要救護你，將仇敵交給你，
> 所以 你的營，理當「聖潔」，免得他見你那裏「有污穢」，就離開你。』

最後，以加拉太書 6:8 來做一個小結：

> 『順著 **情慾** 撒種的，必從情慾收 **敗壞**；.
> 順著聖靈撒種的，必從聖靈收永生。』

## 三、 得地為業的領袖

在<非尼哈>這篇妥拉，我們看到以色列百姓進入一個「**換血**」時期，世代交替，因為這段妥拉又進行一次大規模的百姓數點和男丁徵兵的動作,而且所數點出來的以色列男丁，是完全新一代，在曠野出生長大的以色列人。民 26:64-65：

『但被數的人中，**沒有一個是 摩西和祭司亞倫 從前在西奈的曠野所數的以色列人**，因為耶和華論到他們說：「**他們必要死在曠野。**」所以，除了耶孚尼的兒子迦勒和嫩的兒子約書亞以外，**連一個人也沒有存留。**』

除了「世代更迭」，以色列營地陣中由一群「嶄新的一代」起來，繼續向著迦南地的目標前進之外，以色列的領導權柄也來到一個「傳承-交班」的關鍵重要時刻，之所以說這個時刻是關鍵重要，甚至還能說是危險的，這是因為，**一個社群團體或說政權，在「權力交接-領導轉換」時，最容易發生「爭鬧-分裂-叛亂」的危險狀況。**

但我們看到，摩西卻能夠將「領導交班」這件事處理的非常安全妥當，這當然也是因為摩西完全遵照「耶和華神的旨意」來行。

從摩西將領導權柄「遞交」給約書亞這件事情上，讓我們看到身為一個「偉大又謙卑」的屬靈領袖，他所具備的特質和典範應該是如何。

一個好的、成熟的屬靈領袖，必定知道「**傳承**」的重要性，關於這點，對於一些或大部分的領袖來說，「**傳承**」不是件容易的事情，因為權柄「在自己手上」久了，一下子說要「放手」或「轉交」，其實不會那麼快就會答應和適應，中間肯定要經過許多的心理掙扎和交戰。

事實上，摩西也很想「帶領」著以色列一起過約旦河，進入迦南地，摩西甚至苦

苦哀求，申命記 3:23-26：

『那時，**我懇求耶和華說**：主耶和華啊，你已將你的大力大能顯給僕人看。在天上，在地下，有甚麼神能像你行事、像你有大能的作為呢？ **求你容我過去，看約旦河那邊的美地，就是那佳美的山地和黎巴嫩**。但耶和華因你們的緣故向我發怒，不應允我，對我說：罷了！你不要向我再提這事。』

摩西會有這樣的請求也是人之常情，因為摩西自然會想，從前是我摩西在埃及對抗法老，才好不容易帶領以色列人出埃及，來到曠野，也是我摩西讓百姓在西奈山領受十誡，處處在「教導-帶領」著百姓，百姓出了大大小小的亂子，也都是我摩西要出面善後，**現在準備要到終點，進入迦南地了，我摩西卻不能進去，一探那流奶與蜜的迦南美地。**

其實，如果摩西因為耶和華神的拒絕，而讓摩西一氣之下，硬要強行帶領以色列百姓過約旦河，進入迦南地，那恐怕會釀成巨大的災難，當然這樣的事情沒有發生，因為摩西是一個在神面前完全「順服謙卑」的人，儘管他擁有這麼大的「屬靈和領導」權柄。

所以，當摩西清楚知道，他不能進去迦南地時，他立刻就服在神的面前，並開始進行找接班人「傳承」的重大事宜，而說到這個傳承，摩西也沒有「大權在握」的說，我摩西的這個領導權柄只「世襲」傳給我自己的兒子:革舜和以利以謝，沒有，**摩西沒有這樣按著「自己的意思」來做權力交班。**

摩西的偉大，是在於，他是一個總是「**以大局著想**」的人，他是一個，總是「**不求自己，只求百姓**」益處的領導，更重要的是，摩西是一個，**總是來到耶和華神面前「尋求-求問」**的屬靈領袖。

所以，在傳承，找接班人這麼重要的大事，摩西自然是來到神的面前求問，民27:15-17：
『摩西對耶和華說：
願耶和華萬人之靈的上帝，立一個人治理會眾，
**可以在他們面前出、在他們面前入，**
**也可以引導他們出、引導他們入，**
免得耶和華的會眾如同沒有 **牧人** 的羊群一般。』

在民 27:17 的經文中，摩西其實把這個能帶領以色列百姓的屬靈領導，所應該具備的特質描繪的非常傳神，這個人，其實就是要像一個「**牧羊人**」一樣，他必須要能夠勇敢地在以色列百姓的「**最前面**」，帶領著百姓一同像敵人作戰，所以經

文說，是在「**他們面前**」出、在「**他們面前**」入，這位領導，這位帶領以色列的最高指揮官是站在「**最前線**」保護以色列民的。

另外，民 27:17 經文的後半講到：『**引導他們出、引導他們入**』，其實也是很形象化地將以色列的屬靈領袖比喻成「**牧羊人**」，因為牧羊人有要帶領羊群「**出去**」，但最後也必須要平平安安地帶領他們「**回到**」羊圈中。

接下來民 27:18-20：
『耶和華對摩西說：「嫩的兒子約書亞是 心中有 聖靈的；你將他領來，按手在他 頭上，使他站在祭司以利亞撒和全會眾面前，囑咐他，**又將你的尊榮給他幾分，使以色列全會眾都聽從他。**』

一個屬靈領袖，最重要的就是「**心中有聖靈-神的靈**」的，此外，這樣的領袖也是一個懂得將權力「**完全放手-傳承**」的人，而這也就是摩西所正在做的，民 27:22-23：

『於是摩西 照耶和華所吩咐的 將約書亞領來，使他站在祭司以利亞撒和全會眾面前，**按手在他頭上，囑咐他**，是 照耶和華藉摩西所說的話。』

因著摩西的 **完全順服、完全放手，以大局著想，以神的心為心，以神的意念為意念，以神的計畫為計劃**，所以摩西才能這麼坦然地交出握在他手上已經有 40 年之久的領導權柄，然後「傳承」給約書亞，在這個「**世代交替-權柄轉移**」的過渡階段，這個容易出亂子的一個不穩定的時期，完成「交棒」的動作，這就使得以色列「前進迦南-得地為業」的任務和使命，可以繼續實踐和成就下去。

## 四、「渴望」神的產業

『屬約瑟的兒子瑪拿西的各族，有瑪拿西的玄孫，瑪吉的曾孫，基列的孫子，希弗的兒子 西羅非哈的女兒，名叫 瑪拉、挪阿、曷拉、密迦、得撒。她們前來站在會幕門口，在摩西和祭司以利亞撒，並眾首領與全會眾面前，說：我們的父親死在曠野。他不與可拉同黨聚集攻擊耶和華，是在自己罪中死的；他也沒有兒子。**為甚麼因我們的父親 沒有兒子，就把他的名從他族中除掉呢？求你們 在我們父親的弟兄中 分給我們產業。**』民 27:1-4

在<非尼哈>這段妥拉中，最特別的一段經文敘事，在 民 27:1-11 這段經文中，耶和華神竟然「破例」，為西羅非哈的這五名子女「另立一個新法」。

事情發生的經過是這樣，前面在民數記 26 章，以色列進行了進入迦南地前的最後一次人口普查，這次的人口數點，其實是在為各支派「分地」做預備。

正如耶和華神告訴摩西的，民 26:53-54：
『你要按著人名的數目將地分給這些人為業。人多的，你要把產業多分給他們；人少的，你要把產業少分給他們；要照被數的人數，把產業分給各人。』

以前，**家族的土地和產業**，多半是由 長子 或 男丁 來繼承的，但現在的狀況是，有一個父親，也就是西羅非哈，他膝下無兒子，只有五個女兒，結果因為沒有兒子可以繼承土地，所以正如經文說的，**西羅非哈在瑪拿西之派「分地的名單」中「被除名」了**。

要知道，此時以色列還在約旦河東，尚未進入迦南地，但西羅非哈的 **這五個「為神火熱」的女兒們**，她們各個 相信「神的信實和應許」，都「渴望」進入迦南地，渴求這一份在應許地的「土地產業」繼承權。所以，她們就來到摩西這裡，摩西就把這事呈報給耶和華神，尋求神的意思，然後就是民 27:6-7 這一段耶和華神的回覆：

『耶和華曉諭摩西說：**西羅非哈的女兒 說得有理**。你定要在她們父親的弟兄中，把地分給她們為業；要將她們父親的產業歸給她們。』

然後，接著民 27:8-11 就是這一個，因著西羅非哈這五個女兒的「爭取產業」，而成立的新法，民 27:8-11：

『你也要曉諭以色列人說：『人若死了沒有兒子，就要把他的產業歸給 他的女兒。他若沒有女兒，就要把他的產業給他的弟兄。他若沒有弟兄，就要把他的產業給他父親的弟兄。他父親若沒有弟兄，就要把他的產業給他族中最近的親屬，他便要得為業。』這要作以色列人的律例典章，是照耶和華吩咐摩西的。』

讀到這裡，你是否會覺得感動呢，就是耶和華神竟然是這樣一位大小事情，祂都會「在乎-關心」我們的上帝，不論你是男人或女人，在神的眼裡都是一樣平等的：

『我是耶和華－你的上帝，曾把你從埃及地領上來；
你要大大張口，我就給你充滿。』詩篇 81:10

西羅非哈的這五個女兒，因著她們對於神所應許之地的產業的渴慕和渴求，所以神竟然為了她們開了一個新法，給她們有額外的恩典，使得她們不僅在妥拉的經文中「留名」被紀念，日後她們進入迦南地以後，也能享受「得地為業」的恩典和豐盛。

但反觀先前被摩西派出去的十個探子，雖然他們都是男人，而且還都是各支派的領袖和族長，本來是有充分的資格可以前進迦南「來繼承」應許地的，但卻因為他們的「不信」，不相信神的應許和產業，以至於他們最後無緣繼承地業，甚至連迦南地都無法進去。

## 五、 恆常的獻祭

<非尼哈>這段妥拉的內容，主要講述以色列百姓準備要過約旦河前，所做的最後預備:人口重新數點、世代交替、領導權柄的交班，摩西將屬靈權柄傳承給約書亞，現在的大祭司也從亞倫變成以利亞撒，也就是<非尼哈>的父親。

最後，這段妥拉的結尾，來到了進迦南地後，每個以色列人都要做的一件非常重要的事情，那就是「獻祭」。

獻祭，就是「為神火熱」的一種具體表現 ！

獻祭除了是向神表達「感恩」之外，另一個更重要的就是「贖罪」，也就是，當人「犯罪」時，要有一個無辜的生命「代替」你死，替你「流血」，你的罪才得贖，這也就是為什麼父神耶和華最後必須要差派祂的愛子耶穌，道成肉身，來到地上，捨身流血，替眾人贖罪，完成「贖罪祭-挽回祭」的一個最主要的原因。

所以，在基督-希伯來信仰中，「獻祭」是一件至關重要的事，可以這麼說，**整部妥拉 (摩西五經) 的總綱和核心，其實就是「獻祭」**，這明顯地證明: 耶和華神知道以色列百姓沒有能力去遵行律法(妥拉)；所以「獻祭」制度的出現乃是宣告「**神的恩典**」，以及神祂願意「**寬恕**」祂百姓的罪過。

這樣也就可以解釋為什麼整部摩西五經，需要花那麼多的篇幅，鉅細靡遺地在描述和記載「**獻祭**」的各樣事宜，回顧一下，妥拉裡面各個有提到「**獻祭**」經文的

大段落：

1. 首先是在利未記第一段妥拉<祂呼叫>篇，在利未記 1 章到 6 章這裡，是首次系統的講到五種獻祭。

2. 再來是利未記第二段妥拉<吩咐-命令>篇，在利未記 6:8 到 7:38 接續提到的，祭司們要怎樣幫百姓處理這五種獻祭。

3. 接著到利未記第六段<死了之後>篇，在利未記第 16 章所講到的「贖罪日」，這個由大祭司一年一度所操辦的一個，為著「全體以色列百姓」贖罪的「特殊獻祭」。

4. 然後就是民數記第四段妥拉<打發>篇，在民數記 15 章論到，以色列百姓進入迦南地之後的獻祭規範和條例。

5. 還有民數記第五段<可拉>篇，在 18 章那裏，是在重申利未人在處理各樣獻祭條例所應該遵守的職責。

6. 接著民數記第六段妥拉<紅母牛條例>篇，在民數記 19:1-10 提到的這個預表彌賽亞的「紅母牛」獻祭。

7. 最後，就是<非尼哈>這段妥拉，在民數記 28-29 章所提到的這一份「**恆常的獻祭**」的「總表」，這裡，可以說是，整部摩西五經「最後一次」有系統地講到「各樣獻祭」的所有清單和總匯。

在民數記 28-29 章這一份這麼長的「獻祭」總表清單中，我們注意到，這些獻祭，都跟「**節期**」有密切關係。在利未記第八段<訴說>篇妥拉中，筆者很細地去討論，為什麼耶和華神會這麼看重「祂自己的節期」[1]，以至於，現在來到民數記 28-29 章這裡，還進一步的去提醒、去要求以色列百姓，**要在耶和華的節期「獻祭」**。

在民數記 28-29 章中，我們依序會看到，耶和華神其實就是在要求以色列人，**每天、每週、每月、每個重要節期、每年，都要不斷地獻祭、不停地獻祭。**

如果按照經文的排序我們會看到：

---

[1] 詳見《奧秘之鑰-解鎖妥拉:利未記》No.8 妥拉<訴說>篇。

每日: 早晚獻的常祭 (民 28:3-8)
每週: 安息日的獻祭 (民 28:9-10)
每月: 月朔獻祭 (民 28:11-15)
再來就是 各個「節期」的獻祭
**逾越節** (民 28:16-25)
**七七節** (民 28:26-31)
**吹角節** (民 29:1-6)
**贖罪日** (民 28:7-11)
最後則是這個預表彌賽亞國度來臨，盛大隆重的 **住棚節** (民 28:12-38)

這麼多的「**節期**」，這麼多的「**獻祭**」，重點在哪裡，重點就是，我們各人來到這位大君王的萬軍之耶和華面前的時候，不可以雙手空空的，這就是申命記 16:16-17 所說的:

『你一切的男丁要在除酵節、七七節、住棚節，一年三次，在耶和華－你上帝所選擇的地方朝見他，**卻不可空手朝見**。各人 **要按自己的力量，照耶和華－你上帝所賜的福分，奉獻禮物。**』

再來，這些「**節期的獻祭**」乃是要百姓們記念，他們之所以能「前進迦南-得地為業」是因著耶和華神的「**守約**」，以及 恩典，所以申命記 9:4-6 這樣說:

『耶和華－你的上帝將這些國民從你面前攆出以後，你心裏不可說:『耶和華將我領進來得這地是因我的義。』其實，耶和華將他們從你面前趕出去是因他們的惡。你進去得他們的地，**並不是因你的義，也不是因你心裏正直**，乃是因這些國民的惡，耶和華－你的上帝將他們從你面前趕出去，又因 **耶和華要堅定他向你列祖亞伯拉罕、以撒、雅各起誓所應許的話**。你當知道，耶和華－你上帝將這美地賜你為業，**並不是因你的義**；你本是硬著頸項的百姓。』

以色列百姓需要「每日、每週、每月、每年的各節期」獻祭，目的是要他們時常紀念耶和華神，正如申命記 8:18 說的:

『**你要記念耶和華－你的上帝，因為 貨財的力量是他給你的，為要 堅定 他向你列祖 起誓所立的約，像今日一樣。**』

## 問題與討論：

1. 在民數記 25:11 這節經文中，有一個字，一連出現三次，就是「忌邪」(קִנְאָה)，這個希伯來字直接翻譯就是 妒忌，或「為...火熱-狂熱」。當經文說<非尼哈>『以神的忌邪 為他的忌邪』、『以神的火熱 為他的火熱』的時候，這句話的意思和背後的涵義指的是什麼？ 另外，當我們說耶和華是「忌邪的神」的時候，這話到底是什麼意思？

2. 在第二段信息「情慾收敗壞」一文中提到，以色列百姓在前進迦南-得地為業之前的「最後一站-最後一刻」，竟是 敗給自己，是 自己跌倒，他們是因著「什麼樣」的事情和罪行而跌倒？ 而這樣的罪行非常具有指標性而且非常嚴重，因為日後以色列的「敗壞-亡國」，歸根結柢，就在於這件事上。

3. 你覺得領導權柄的「傳承和遞交」這件事容不容易？ 從摩西「傳承」給約書亞的例子，可以學到什麼？ 另外，一個好的屬靈領袖需要具備什麼樣的條件和特質？ 請參考民數記 27:15-17 的經文。

4. 本段妥拉的標題叫<非尼哈>，這位「為神火熱」的人物就是這一段妥拉的主角，但在民數記 27 章又另外出現一群同樣是「為神火熱」的女子，就是西羅非哈的五位女兒，為什麼這段妥拉會安插民數記 27:1-11 這段特別的經文敘事，用意是什麼？ 這段經文想要表達什麼信息？

5. 在<非尼哈>這段妥拉的最後: 民數記 28-29 章列出一份非常冗長的「獻祭」總表清單，在這些獻祭中都跟「節期」有密切關係，也就是說，耶和華神非常看重「祂自己的節期」，以至於妥拉來到民數記 28-29 章，還進一步去提醒、去要求以色列百姓 要在耶和華的節期「獻祭」。在神的時間、神的節期、在耶和華神所訂的日子「獻祭」，目的是什麼？ 為什麼耶和華神要人如此行？

# 民數記 No.9 妥拉

## \<各支派\>篇 (פרשת מטות)

## 本段妥拉摘要:

民數記第九段妥拉，標題\<各支派\>，希伯來文(**מטות**)。按著這段妥拉的標題和篇名\<各支派\>來思想這段妥拉的主要信息就是:

現在以色列百姓已經來到約旦河東，準備要過河，進入迦南地了，摩西此時希望，以色列全營 12 支派\<各支派\>都要「合一」、團結一致，齊心向上，要為著「完成」耶和華神給以色列先祖的使命:「得地為業」來繼續征戰，因為這個任務的完成，需要以色列\<各支派\>的「合一」才能達成，因此，摩西最關心，他始終關心的都是以色列「全營合一」的問題。

雖然已是來到民數記的最後面，\<各支派\>中還是有一些支派「不合群」，不以大局為重，民數記 32 章提到，呂便支派和迦得支派的人，看到約旦河東的牧場比較廣闊肥沃，所以起心動念，想按著他們自己「人意的」想法，想要先留在約旦河東，不跟其他 10 個支派一起過約旦河。

呂便和迦得支派這樣的想法和舉動，無異「破壞」了以色列\<各支派\>的合一，和所「應該要完成」的使命和任務，就是要一起共同「前進迦南-得地為業」。

所以，當呂便和迦得支派提出說想要留在約旦河東時，摩西非常憤怒，並嚴詞責備他們說:『難道你們的弟兄去打仗，你們竟坐在這裏嗎?你們為何 **使以色列人灰心喪膽、不過去 進入 耶和華所賜給他們的那地** 呢?』民數記 32:6-7

接著摩西就把過去「探子事件」發生的悲劇和災難，重提一遍，為要嚴重告誡呂便和迦得支派，就是: 你們的所言所行，不要只是為了你們自己的「利益和好處」，只為你們的「牲畜」，你們要「在耶和華神面前」，把神當作你們的神，要把神「放在首位」，勿忘當初耶和華神是如何施行「偉大救贖」，將你們這群以色列百姓「全力搶救」出來，目的就是要你們日後可以「前進迦南-得地為業」，在以色列地過「成聖」生活，成為「列國的光」，這乃是你們以色列\<各支派\>的使命和呼召。

## 民數記 No.9 妥拉 <各支派> 篇（**פרשת מטות**）

經文段落:《民數記》30:1 - 32:42
先知書伴讀:《耶利米書》1:1 - 2:3 [1]、《約書亞記》13:15-33
詩篇伴讀: 111 篇
新約伴讀:《馬太福音》5:33-37

## 一、 <各支派>的「誓約」

民數記第九段妥拉標題<各支派>。經文段落從民數記 30 章 1 節到 32 章 42 節。
<各支派>這個標題，在民 30:1：

> 『摩西曉諭以色列 各支派 的首領說：
> 「耶和華所吩咐的乃是這樣：」』

> **וַיְדַבֵּר מֹשֶׁה אֶל-רָאשֵׁי הַמַּטּוֹת לִבְנֵי יִשְׂרָאֵל לֵאמֹר:**
> **זֶה הַדָּבָר אֲשֶׁר צִוָּה יְהוָה**

這段妥拉的標題: <各支派> (**מַטּוֹת**) 就是希伯來經文民 30:1 的第五個字，這個字
(**מַטּוֹת**) 就是民數記第九段妥拉的標題。

從<各支派>這個標題來思想這段妥拉經文的主要信息，那就是: 以色列百姓，前
面經過「巴蘭的咒詛」，和「什亭淫亂」事件，結果導致耶和華神以瘟疫懲罰以
色列，但最後還是挺了過來。

現在的以色列，是換血的一代，是新一代的以色列人，他們現在已經在約旦河的
東岸，準備要「前進迦南-得地為業」，所以在最後緊要關頭，大家、全體百姓，
每位以色列成員，各個族長的首領，<各支派> 都要「團結一致、齊心合一」為
著過約旦河，進入迦南地這個以色列「出埃及」的「共同使命-呼召-異象」來委
身，大家都要按著自己，在耶和華神面前，口裡說出的這些「**誓言**」，來「行動」。

---

[1] 耶利米書的先知書伴讀經文段落，和本段妥拉內容沒有直接關聯，這是因為在埃波月 9 日聖殿
被毀日之前，猶太人按傳統會讀三份的<斥責>的先知書伴讀 (Haftarahs of Rebuke)，本段為第
一份。

正如以色列百姓在西奈山和耶和華神立約時，百姓都同聲回答 說：

「凡耶和華所說的，我們都要遵行。」出 19:8

所以，這段妥拉一開始就提到「**誓言、起誓**」的重要性，因為耶和華神非常看重人所「說的話」，來看民 30:2：

『人若向耶和華許願或起誓，
要 **約束** 自己，
就不可 **食言**，
必要按口中所出的一切話行。』

אִישׁ כִּי-יִדֹּר נֶדֶר לַיהוָה אוֹ-הִשָּׁבַע שְׁבֻעָה
**לֶאְסֹר אִסָּר** עַל-נַפְשׁוֹ
לֹא **יַחֵל** דְּבָרוֹ
כְּכָל-הַיֹּצֵא מִפִּיו יַעֲשֶׂה

所謂的「約束」(**לֶאְסֹר**) 這個動詞意思是「**綁住-綁定**」，後面的(**אִסָּר**) 這個名詞意思是立志「**不會去做某些事的許願和約定**」。

因此，和合本翻譯的「約束」自己的「約束」希伯來文(**לֶאְסֹר אִסָּר**) 更具體清楚的含意指的就是：人，特別是男人，**要「約束」自己的肉體情慾、心思意念，不讓你的感官肉慾去「違反 - 褻瀆」你起的誓、和所許的願**，好比說，現在<各支派>的首領和男人們，都「起誓-許願」要帶領自己的族人，和自己的家庭妻小，一起過約旦河，得地為業，那這些支派的首領和男人們，『就「不可食言」，必要按口中所出的一切話行』，這就是 30:2 後半段的經文。

所謂的「食言」的「食」在希伯來原文中的動詞是(**חלל**)，意思就是「褻瀆」，經文之所以會用「語意這麼重」的動詞，這就表示說，**神「看重」每個人口裡所說的話語，以至於神看「這些話語」為神聖的**，因此，當人說出一些話，沒有「言出必行」，反而是「言而無信」的時候，那麼，這個人在神看起來，就是在「褻瀆」他自己所說的話。

再回到民 30:2 的經文：

『人 (男人) 若向耶和華許願或起誓，要 **約束** 自己，就不可 **食言**，必要按口中所出的一切話行。』

希伯來文原文的這個「人」(אִישׁ)，指的是 男人。如果接著往下面的經文來看，會發現 30 章的經文，其實是在講述，男人 對女人的保障，做父親，和 做丈夫的，他們的意見，他們「所說的話」是具有「效力-約束力」的。

比如，做 父親 對女兒說話的效力，在民 30:5：

> 『但她 父親 聽見的日子，
> 若不應承 她所許的願和約束自己的話，就都 不得為定；
> 耶和華也必 赦免她，因為 她父親不應承。』

又如做 丈夫的 對妻子說話的效力，在 30:8：

> 『但她 丈夫 聽見的日子，若不應承，
> 就算 廢了 她所許的願和她出口約束自己的冒失話；
> 耶和華也必 赦免她。』

所以，從這裡清楚看到，身為 男人，不論是做父親的，或做丈夫的，要特別「謹慎」自己的「一言一行」，因為男人的角色和位分，是要「保護-守衛」自己的女兒和妻子。

這也就正如這段妥拉的標題<各支派>所揭示的，<各支派>的首領和男丁們，務必要記起「什亭淫亂」的教訓，因為這個災難和傷亡之所以會發生，就是因為有「支派」的首領，也就是西緬支派的一個首領:心利，和以色列的 男人們，沒有「約束」自己的肉體情慾，以至於他們帶給自己的支派宗族，和自己的家庭「災難和傷痛」。

此時<各支派>的首領，和每一個家庭的男人，你們都要「謹言慎行」，一定要誓死「保護-守衛」你們家裡的女人們，你們妻子兒女，要帶著她們一起平安的過約旦河，前進迦南，得地為業，「完成」耶和華神給你們的呼召和使命。

## 二、 為神征戰

『耶和華吩咐摩西說:你要在米甸人身上 **報以色列人的仇** (**נְקֹם נִקְמַת בְּנֵי יִשְׂרָאֵל**)，後來要歸到你本民那裏。摩西吩咐百姓說:「要從你們中間叫人帶兵器出去攻擊米甸，好在米甸人身上 **為耶和華報仇** (**לָתֵת נִקְמַת-יְהוָה**)。」民 31:1-3

這邊經文提到，耶和華神說要在米甸人身上，**報以色列人的仇**，這乃是因為米甸女子，「設計」引誘「陷害」讓以色列百姓犯罪，前面在民 25:18 提到:

『因為他們 **用詭計擾害你們**，在毗珥的事上和他們的姊妹、米甸首領的女兒哥斯比的事上，用這詭計誘惑了你們。』

這裡，我們清楚的看到，耶和華神，祂是一位會「**替以色列征戰**」，甚至是一位會「**替以色列報仇**」的上帝，原因很簡單，因為以色列乃是耶和華神「眼中的瞳人」，正如申命記 32:10 說的:

『耶和華遇見他 (以色列) 在曠野－荒涼野獸吼叫之地，就環繞他，看顧他，保護他，如同 **保護眼中的瞳人**。』

『萬軍之耶和華說，在顯出榮耀之後，差遣我去 懲罰那擄掠你們的列國，
**摸你們 (以色列) 的 就是 摸他(耶和華) 眼中的瞳人**。』撒迦利亞書 2:8

正因為耶和華神會「保守-護衛」祂的子民，看他們如看「眼中的瞳人」，所以，耶和華神和祂的子民，是絕對不會被「白白挨打」，正好相反，**耶和華神是會反擊的**，因為，耶和華神是一位「**會爭戰**」的上帝，關於這一點，當以色列百姓「出埃及-過紅海」時，他們所唱的「海洋之歌」，有一句就是這樣說的，出埃及記 15:3:

『耶和華是 **戰士**；祂的名是 耶和華。』
**יְהוָה אִישׁ מִלְחָמָה יְהוָה שְׁמוֹ**

因此，當摩西收到耶和華的通知，說要「為以色列報仇」時，摩西對以色列百姓說的話，卻改成了「**要為耶和華報仇**」，這就是民 31:3 記載的:

『摩西吩咐百姓說:「要從你們中間叫人帶兵器出去攻擊米甸，
好在米甸人身上 **為耶和華報仇**。」』

所以這意思也就是說，耶和華神雖然會為以色列報仇，但是「要成就」耶和華神的復仇，乃是你們這群以色列百姓必須「要起來征戰」，起來「為耶和華報仇」。

因此接下來的經文就提到，摩西號召各支派，要派出一千人，出去參與這場與米甸人的征戰，征戰的結果，以色列人大獲全勝，還得來了許多戰利品。

其實這場與米甸人的戰爭，是以色列百姓在過約旦河，進迦南地前所打的「最後一場」戰事，可以說，這場戰事，乃是以色列軍隊過約旦河前的「最後一次」實戰「練兵測試」，為的就是要讓以色列全營，可以進一步達到「統一和團結」的最佳狀態，因為接下來，過約旦河以後，在迦南地還有許多異邦異族、敵人，以及一場又一場的戰事等在前頭。

也正是透過這場「復仇」之戰，耶和華神讓以色列百姓實際地、清楚的知道，耶和華神的計畫和心意，就是要以色列百姓好好的「訓練-整頓-裝備」，為著「進入迦南-得地為業」來警醒和戰鬥。

因為耶和華神就是要祂的百姓，務必「完成」進入迦南，得地為業的呼召和使命。

是的，神的子民，絕對不會被魔鬼撒旦「白白挨打」，神要我們「起來征戰」，是「為神而戰」，當我們起來「為神而戰」的時候，神也會「為我們而戰」。**因為羞辱-攻擊神的兒女的，就是羞辱-攻擊上帝的榮耀。**

我們的神，乃是「**萬軍之耶和華**」(**יְהוָה צְבָאוֹת**) 的上帝。

最後，用以弗所書 6:10-13 這段經文來做一個小結：

『我還有末了的話：你們要靠著主，倚賴他的大能大力作剛強的人。**要穿戴上帝所賜的全副軍裝，就能抵擋魔鬼的詭計。因我們並不是與屬血氣的爭戰，乃是與那些執政的、掌權的、管轄這幽暗世界的，以及天空屬靈氣的惡魔爭戰。所以，要拿起 上帝 所賜的全副軍裝，好在磨難的日子 抵擋 仇敵，並且成就了一切，還能站立得住。**』

## 三、 南營的問題

在以色列的四個營當中,比較有問題和麻煩的是 **南營**,就是以雅各肉身「長子」:
**呂便** 支派為首的 **呂便** 營。

在民數記開頭,民數記第二章,我們看到,耶和華神吩咐摩西、亞倫要給以色列
百姓做徵兵、數點和「營地布署」的工作,2:10-14:

> 『在 **南邊**,按著軍隊是 **呂便** 營的纛。
> ……挨著他安營的是 **西緬** 支派。
> ……又有 **迦得** 支派。』

所以南營的三個支派組成,分別是 **呂便、西緬、迦得** 三個支派。

回顧整卷民數記,看看南營的這三個支派,給以色列全營帶來的一些麻煩,甚至
是災難:

首先,在<可拉>篇妥拉,民數記 16 章所記載的「可拉」叛黨,可拉夥同「呂便」
支派的人,一起聚眾要來挑戰-攻擊摩西的屬靈權柄,這就是民數記 16 章一開始
提到的,民 16:1-3:

> 『利未的曾孫、哥轄的孫子、以斯哈的兒子 **可拉**,和 **呂便** 子孫中以利押的兒
> 子大坍、亞比蘭,與比勒的兒子安,並以色列會中的二百五十個首領,就是有名
> 望選入會中的人,在摩西面前一同起來,聚集攻擊摩西、亞倫。』

**可拉** 和摩西同是身為 **哥轄** 的後代,說得更具體就是,摩西、亞倫和可拉,他
們有「同一個爺爺」哥轄,但可拉認為,憑什麼摩西和亞倫可以有比較大的權柄,
而自己卻沒有。所以,可拉「利用」當時百姓對摩西「憤恨不滿的民心」,因為
當時才經過「探子事件」不久,可拉想藉此來推翻摩西的領導權,並竊取權柄。

如果,我們看營地分布圖 (圖卡) [2],利未三族當中的「哥轄族」,正好就是被安
置在會幕的南邊,比鄰而居的,正好就是南營的「呂便營」。所以,身為哥轄族
的可拉,住在會幕南方,因著地利之便,有比較多的時間和機會,可以和呂便支
派的人互通有無。

---

[2] 見本段文本信息的 youtube 影片。

而呂便支派的大坍、亞比蘭，之所以會參與可拉的「叛變」，很有可能也是因為呂便的子孫們，想要趁著可拉的反叛，來重新拾回 12 支派的「**長子領導**」權，因為按著營地的部屬，領導的支派是歸給了雅各的第四個兒子:猶大支派。

所以，就這樣，住在會幕南邊的 **可拉**，和同樣是被安置在南營的 **呂便** 支派便結合成一股「反抗勢力」。當然這個反抗的勢力，最後被耶和華神阻止，因為可拉叛黨，完全出於「人意」、是出於可拉一黨人的「私慾」和「追求權力」而來的分裂力量。

民數記 16 章經文後面記述，可拉和南營的呂便支派叛亂的事情，**給以色列帶來災難**，民 16:49：

『除了因可拉事情死的以外，**遭瘟疫死的**，共有一萬四千七百人。』

可拉和南營呂便支派叛亂的事情結束後，事情並未就此終止，在「**南營-呂便營**」當中，有一股「分裂的酵」正在醞釀當中，它接下來會影響到呂便支派旁邊的兩個支派，「**西緬**」和「**迦得**」支派。

來到<巴勒>篇和<非尼哈>篇這兩段妥拉，在民數記 25 章當中看到，同是「**南營**」的支派領袖，也就是「**西緬**」支派的一個宗族首領，居然公然帶著一個米甸女子，進到以色列的營地當中，完全不顧以色列全營的秩序和聖潔，只是為了想要滿足自己肉體的慾望，結果 **又給以色列全營帶來災難**。民 25:6-8：

『摩西和以色列全會眾正在會幕門前哭泣的時候，誰知，有以色列中的一個人(西緬支派的心利)，當他們眼前，帶著一個米甸女人到他弟兄那裏去。祭司亞倫的孫子，以利亞撒的兒子非尼哈看見了，就從會中起來，手裏拿著槍，跟隨那以色列人進亭子裏去，便將以色列人和那女人由腹中刺透。這樣，在以色列人中瘟疫就止息了。』

最後，來到<各支派>這段妥拉，透過這個標題正是要告訴我們，神希望在最後關頭，準備要過約旦河時，<各支派>務要團結一志，彼此合一，但結果又有支派有自己的意見和想法出來，仔細一看，這個想要「自我獨立」的聲音又是出自**南營:呂便營**。民 32:1-2,5：

『**呂便** 子孫和 **迦得**子孫的牲畜極其眾多；他們看見雅謝地和基列地是可牧放牲畜之地，就來見摩西和祭司以利亞撒，並會眾的首領，說:我們若在你眼前蒙恩，求你把這地給我們為業，不要領我們過約旦河。』

摩西一聽到「**南營**」的這兩個支派:**呂便** 和 **迦得** 支派有這樣的想法和聲音出現的時候感到非常不高興,民 32:6-7:

『摩西對迦得子孫和呂便子孫說:「難道你們的弟兄去打仗,你們竟坐在這裏嗎?**你們 為何 使以色列人灰心喪膽、不過去進入耶和華所賜給他們的那地** 呢?」』

從摩西的這段話當中,清楚看到,摩西擔心「**探子事件**」再度重演,所以在接下來的經文民 32:8-15,摩西又鉅細靡遺地向呂便、迦得支派的人,重提當年「**探子事件**」給以色列全體百姓帶來的巨大災難,說到最後,摩西似乎越說越生氣,氣到「嚴詞指責」這兩個支派的人,想要「再次重演」探子事件,再度給以色列全應營釀成災難,摩西這樣說: 民 32:14-15:

『誰知,你們 (**呂便-迦得** 支派) 起來接續先祖,
**增添罪人的數目,使耶和華向以色列大發烈怒。**
你們若退後不跟從祂 (耶和華神),
祂還要把以色列人撇在曠野,**便是你們 使這眾民滅亡。**』

「**南營-呂便營**」的問題,從可拉-「**呂便**」支派的「反抗叛亂」、「**西緬**」支派的首領:心利的公然「帶頭行淫」,到現在「**呂便-迦得**」支派的想要先「自行分地」,讓我們清楚地看到,這樣「分裂的酵」是怎樣慢慢地從一個支派,擴散到一整個營,以至於最後這樣「自行分裂」的言論是如何被呂便支派和迦得支派的人「合理化」。

「**南營-呂便營**」的問題,提醒那些身為屬靈權柄領導的人,必須要注意到一個信仰社群中「分裂-分離」的酵,因為這樣的酵若不即時地、有智慧、有效率的去處理,那將會演變成傷害、災難和分裂。

## 四、「牲畜」與「應許」

民 32:1 和合本中文聖經的翻譯：

『呂便子孫和迦得子孫的 **牲畜** 極其眾多；
他們看見雅謝地和基列地是可牧放 **牲畜** 之地，』

**וּמִקְנֶה** רַב הָיָה לִבְנֵי רְאוּבֵן וְלִבְנֵי-גָד עָצוּם מְאֹד
וַיִּרְאוּ אֶת-אֶרֶץ יַעְזֵר וְאֶת-אֶרֶץ גִּלְעָד וְהִנֵּה הַמָּקוֹם מְקוֹם **מִקְנֶה**

民 32:1 的經文，如果看希伯來文，這一節經文的第一個字，和最後一個字，都是這個 (**מִקְנֶה**)「牲畜」。若按希伯來原文的「詞序」來重新翻譯 32:1 的經文，那就會是：

『**牲畜** 很多，是呂便子孫和迦得子孫有的，非常大量。
他們看到雅謝地和基列地，看哪就是這樣的地方，一個地方(可放牧) **牲畜**。』

民 32:1 起頭講到 **牲畜**，結尾也是 **牲畜**，經文這樣的「詞序」安排清楚地預告，接下來呂便和迦得這兩個支派的人，會為了自己的「**牲畜**」，而要來和摩西爭取約旦河東的土地，甚至還有可能，「不和」以色列全營一起過約旦河進去迦南地，來「實現-成就」耶和華神的應許。

正如 32 章的經文所告訴我們的，當呂便和迦得支派開口說要「留在」約旦河東的土地上居住和放牧牲畜時，摩西是非常憤怒的，因為摩西認為他們 因為「眼前」肥沃廣闊的牧場，而「放棄」和華神所「應許」的迦南地。

呂便和迦得支派，為了自己「**眾多的牲畜**」，而寧願留在約旦河東，不想要和其餘的<各支派>「一起進入」應許之地，這一點正好反映在經文當中，在經文裡面，我們會看到，**兩個支派居然看「牲畜」要來的比「婦女孩童」還來得重要**，民 32:16：

『兩支派的人挨近摩西，說：「我們要在這裏為 **牲畜** 壘圈，為 **婦人孩子** 造城。」』

這裡，呂便和迦得支派在對摩西說的時候，先提到他們首要關注的 眾多「**牲畜**」，然後才是 「**婦人孩子**」。

摩西看到這兩個支派滿腦子在乎的只是自己的物質財富、自己的「牲畜」，但卻

不願意帶著自己的「婦人孩子」一起過約旦河，進入迦南地，讓孩童們將來長大後可以在迦南地「傳承」信仰。所以，當摩西回答他們的時候，**就改變了詞序**，叫這兩支派的男人，**要「首先關注」自己的妻子兒女**，然後才是牲畜，民 32:24：

> 『如今你們口中所出的，只管去行，
> 為你們的 **婦人孩子** 造城，為你們的 **羊群** 壘圈。』

這裡，民 32:24，摩西先提到的是「**婦人孩子**」，然後才講到羊群。摩西的用心良苦，兩個支派似乎意會到了，所以，在接下來的 25-26 節中，迦得子孫和呂便子孫對摩西說：「僕人要照我主所吩咐的去行。我們的 **妻子、孩子、羊群**，和所有的牲畜都要留在基列的各城。」兩支派的人，調整了先後順序，他們先提到「**妻子、孩子**」，然後才是牲畜。

從剛剛讀的經文中，知道一件事情，那就是：摩西要呂便和迦得支派的人，**更多關注自己的 子女、孩童**，那是因為，只有你自己的「後代子孫」，可以「傳承-傳遞」信仰和真理，至於你們養的那些眾多的牲畜，牛群羊群死了以後，什麼也沒有留下。

事實上，太過關注於物質財富，也容易帶來信仰的腐化和道德的敗壞，羅得，和他的叔叔亞伯拉罕分道揚鑣是最好的例子，羅得因為眼前肥沃的索多瑪平原，而「離開「敗壞-毀滅」的道路上。

回到民數記，我們可以問，為什麼耶和華神的心意和計畫，原本是沒有要把約旦河東肥沃的平原給以色列人，那是因為：約旦河東的平原，雖然物質生活優渥，但是當遇到戰事，打仗時「難以防守」，平原的地形四周圍沒有天然屏障。

雖然如此，呂便和迦得支派，以及瑪拿西半支派還是堅持留在約旦河東，為了眼前肥沃的平原、廣大的牧場、眾多的牲畜，他們最終選擇留在約旦河東，但最後的結局呢？歷代志上 5:25-56：

> 『他們 **得罪了他們列祖的上帝，隨從那地之民的神行邪淫**；這民就是上帝在他們面前所除滅的。故此，以色列的上帝激動亞述王普勒和亞述王提革拉‧毗列色的心，他們就把 **呂便人、迦得人、瑪拿西半支派的人** 擄到哈臘、哈博、哈拉與歌散河邊，直到今日還在那裏。』

我們也可以問問自己，在我們的生命中，我們只看重自己的「物質財富」，還是更要在意「神給我們的應許」？

## 五、 在耶和華面前

在前面的妥拉篇章已經提過，在妥拉(摩西五經) 的經文中，有一種經常出現的修辭格式，叫做「一詞七現」，就是一個詞組，或句子，在一段經文敘事的段落中重複出現「七次」。[3]

在<各支派>這段妥拉中，**民數記 32:20-32 節** 這段經文敘事中，摩西「嚴詞提醒」呂便和迦得支派，他們要為他們的所作所為「在耶和華面前」負責，同時也提醒這兩個支派的人，要看重耶和華神「所應許的」，因為這兩個支派的人，在「眼前看到」約旦河東的肥沃平原和牧場，就把耶和華「神所應許」的迦南地「拋諸腦後」，

民數記 32 章起始，當呂便和迦得支派在對摩西說話，談到想要留在約旦河東，放牧「自己的牲畜」時，「**隻字不提**」耶和華神，完全沒有談到耶和華神的**旨意和計畫。**

因此，在民 32:20-32 這段經文敘事中，摩西就提醒他們，不要忘記耶和華神，你們呂便和迦得支派，所行的一切，都要「在耶和華面前」負責。所以經文為了凸顯「**在耶和華面前**」(לִפְנֵי יְהוָה) 的這一強烈主題和信息，就出現了前文我們說的「一詞七現」的修辭格式。

底下，來看經文：

20 摩西對他們說：「你們若這樣行，**在耶和華面前** 帶著兵器出去打仗。
21 所有帶兵器的人都要 **在耶和華面前** 過約旦河。
22 那地 **在耶和華面前** 被制伏，然後你們可以回來……，這地也必 **在耶和華面前** 歸你們為業。
27 但你的僕人……都要照我主所說的話，**在耶和華面前** 過去打仗
29 迦得子孫和呂便子孫，凡帶兵器 **在耶和華面前** 去打仗的
32 我們要帶兵器，**在耶和華面前** 過去，進入迦南地

是的，『**在耶和華面前** (לִפְנֵי יְהוָה) 』

---

[3] 關於「一詞七現」的修辭，同參《奧秘之鑰-解鎖妥拉:利未記》No.2 妥拉<吩咐/命令>篇之第五段「照神所吩咐的行」、《奧秘之鑰-解鎖妥拉:利未記》No.6 妥拉<死了之後>篇之第一段「靈命大檢修」、《奧秘之鑰-解鎖妥拉:利未記》No.10 妥拉<在我的律例>篇之第四段「祝福與咒詛」、《奧秘之鑰-解鎖妥拉:民數記》No.3 妥拉<燃起-上行>篇之第二段「雲彩收上去」。

在以色列全營，全體百姓，12 支派的人都準備要過約旦河，進迦南地時，摩西自然希望<各支派>，摩西熱切的盼望，他可以親眼目睹，以色列全營能順利的過約旦河，完成摩西人生在世的使命。

因此，當呂便和迦得支派，在此時突然說不想過河，想留在約旦河東的時候，摩西立刻就嚴詞警告他們，**不可以為了自己的牲畜，為了自己的利益和好處，而獨自留在約旦河東，不和其他支派的男丁一去過約旦河，一起征戰**。

你們呂便和迦得支派，也是以色列全營的一份子，都必須要「**在耶和華面前**」共同肩負完成「前進迦南-得地為業」的使命和任務，因為你們，並不是為你們自己負責，你們乃是要「**為神負責**」。

所以，這也就給出一個很重要的提醒，那就是: 在一個信仰社群中，我們每個人若是單以「自己的好處-利益」為重，那很有可能，就會讓神所要成就的大事被犧牲掉，或無法成就。

因此，時刻提醒自己，不論大事小事，我們的一言一行，所作所為，**都要想到神，要「在耶和華面前」，讓神來鑒察我們**，看看我們所思所行的，是否都討主的悅納？

最後，以詩篇 16:7-8 這段經文，來做一個小結:

> 『我必稱頌 那指教我的 耶和華；我的心腸 在夜間 也警戒我。
> 我將耶和華 常擺在我面前，因祂在我右邊，我便不致搖動。』

## 問題與討論：

1. <各支派>這段妥拉一開始就提及: 男人所說的話、所發出的「**誓言和誓約**」，這和本段妥拉的標題<各支派>有何關聯？ 以及，耶和華神為何這麼嚴肅地看待人口裡所出的一切話？

2. 民數記 31:1-3：『耶和華吩咐摩西說：你要在米甸人身上 **報以色列人的仇**。摩西吩咐百姓說：「要從你們中間叫人帶兵器出去攻擊米甸，好在米甸人身上 **為耶和華報仇**。」在這段經文中，當摩西收到耶和華的通知，說要「**為以色列報仇**」的時候，摩西再轉告以色列百姓說的話卻改成「**要為耶和華報仇**」，摩西這樣「修改」耶和華神的話有何用意？

3. 在以色列的四個營當中，比較有問題和麻煩的是「哪一個營」？ 這個營裡面的「三個支派」在民數記當中，各出現過什麼樣的問題和狀況？ 為什麼他們會出現這些問題和狀況？

4. 在第四段信息「**牲畜與應許**」一文中提到，呂便和迦得這兩個支派的人，竟然為了自己的 **牲畜**，而想留在約旦河東，不過約旦河、進入迦南地、得地為業，簡言之就是「丟棄」耶和華神所給他們的 **應許**。如果是你，在重要的人生關卡和抉擇，你會選擇 **牲畜** (眼前的物質-利益-好處)，還是神的 **應許** (長遠的產業傳承)？

5. 在 **民數記 32:20-32** 這段經文敘事中，出現妥拉經常使用的「**一詞七現**」的修辭格式，這個一詞七現的的「詞組」是什麼？ 它是要強調出什麼樣的重要信息和主題？

# 民數記 No.10 妥拉

## <總路程>篇 （פרשת מטות）

## 本段妥拉摘要:

民數記第十段妥拉，標題<總路程>，希伯來文(מַסְעֵי)。按著此標題<總路程>來說，顧名思義就是摩西帶領新一代的以色列百姓，一起來回顧，過去 40 年來他們<在曠野>所經過、漂流的每一個站口，從民 33:5 一直記到 49 節：『以色列人從 蘭塞 起行，安營在疏割。……他們在 摩押平原 沿約旦河邊安營。』

從埃及的蘭賽到約旦河東岸的摩押平原，按民數記 33 章的經文紀載，一共有 42 個站口，42 個以色列百姓曾經安營和經過的地方，其實當摩西在回顧，提到這些「地方的名字」時，肯定會勾起許多過往「痛苦-哀傷」的回憶，因為很多地方都是標誌著以色列百姓「爭鬧-抱怨-不信」，然後帶來「分裂-災難」事件發生的地點，譬如說瑪拉、利非訂、基博羅・哈他瓦……等等。

為什麼摩西需要帶領新一代的以色列百姓「去回顧」這段不堪回首的過去，其實是要以色列百姓「去記住」過往他們所走過的每一步路、每一個挑戰、每一個艱難，和所犯的每一個過錯、每一個失誤，摩西，或者說耶和華神，要百姓們從這些錯誤和痛苦當中，記取教訓，不再重蹈覆轍，重複上一代以色列人所犯的過錯。

因為，現在這群新以色列人，準備要在約書亞的帶領之下「前進迦南-得地為業」，繼續征戰。

所以，在進入應許地前，每個人「回顧」過去所走過的<總路程>，反省過去，生命蛻變，突破更新，因而能「展望」未來，繼續勇敢地，向著人生的應許之地大步前進。

## 民數記 No.10 妥拉 <總路程> 篇（**פרשת מסעי**）

經文段落:《民數記》33:1 - 36:13
先知書伴讀:《耶利米書》2:4-28、3:4、4:1-2 [1]、《約書亞記》19:51 - 21:3
詩篇伴讀: 49 篇
新約伴讀:《雅各書》4:1-12

## 一、 起初的火熱

民數記第十段妥拉標題<**總路程**>。經文段落從民數記 33 章 1 節到 36 章 13 節。
<**總路程**>這個標題，在和合本中文聖經，民 33:1：

『以色列人按著軍隊，在摩西、亞倫的手下出埃及地所行的 **(總)路程** 記在下面。』
אֵלֶּה **מַסְעֵי** בְנֵי-יִשְׂרָאֵל אֲשֶׁר יָצְאוּ מֵאֶרֶץ מִצְרַיִם לְצִבְאֹתָם בְּיַד-מֹשֶׁה וְאַהֲרֹן

這段妥拉的標題: <**總路程**> (**מַסְעֵי**) 就是希伯來經文民 33:1 的第二個字，這個字
(**מַסְעֵי**) 就是民數記第十段妥拉的標題。

<**總路程**>這個標題，作為民數記「最後一段」妥拉的篇名真是最適合不過，因
為現在，摩西已經帶領以色列百姓，花了將近 40 年的時間，跌跌撞撞，千辛萬
苦，跋山涉水，從埃及的蘭賽，最後總算來到摩押平原，安營在約旦河邊，耶利
哥的對面，準備過河，進入應許之地。

試著想像一下當時的場景，摩西號召以色列全會眾，在眾人面前，發表他離世前
的「最後演講」，因為在民數記 27 章，已經提到約書亞將會繼承摩西的屬靈-領
導權柄，要繼續帶領以色列百姓「前進迦南-得地為業」。

而在最後，過約旦河前，摩西一定有些重要的話，是要來提醒和告誡這些準備過
約旦河，進入迦南地，繼續「前行征戰」的以色列人，來看民數記 33 章的開頭
，民 33:2-4：

---

[1] 耶利米書的先知書伴讀經文段落，和本段妥拉內容沒有直接關聯，這是因為在埃波月 9 日聖殿
被毀日之前，猶太人按傳統會讀三份的<斥責>的先知書伴讀 (Haftarahs of Rebuke)，本段為第
二份。

『摩西遵著耶和華的吩咐記載他們所行的<總路程>，其路程乃是這樣：

正月十五日，就是 逾越節 的次日，以色列人從蘭塞起行，

在一切埃及人眼前昂然無懼地出去。

那時，埃及人正葬埋他們的長子，就是 耶和華在他們中間所擊殺的；

耶和華也 敗壞/審判 他們的諸神。』

在民 33:2-4 這段經文中，摩西再一次地告訴以色列百姓，你們之所以必須「出埃及」，能夠「出埃及」的緣由。

你們以色列百姓，能夠出埃及，以至於可以走到今日，來到約旦河東，準備要進入應許地，這乃是因為你們先祖的神:亞伯拉罕-以撒-雅各的神，**祂「紀念」祂與你們先祖「所立的約」**，所以祂才下來拯救你們，正如出埃及記 2:24-25 所說：

『上帝 聽見 (**וַיִּשְׁמַע**) 他們的哀聲，

就 記念 (**וַיִּזְכֹּר**) 他與亞伯拉罕、以撒、雅各所立的約。

上帝 看顧 (**וַיַּרְא**) 以色列人，

也 知道 (**וַיֵּדַע**) 他們的 苦情。』

וַיִּשְׁמַע אֱלֹהִים אֶת-נַאֲקָתָם

וַיִּזְכֹּר אֱלֹהִים אֶת-בְּרִיתוֹ אֶת-אַבְרָהָם אֶת-יִצְחָק וְאֶת-יַעֲקֹב

וַיַּרְא אֱלֹהִים אֶת-בְּנֵי יִשְׂרָאֵל

וַיֵּדַע אֱלֹהִים

經文一連用了四個動詞: 聽見(**וַיִּשְׁמַע**)、紀念(**וַיִּזְכֹּר**)、看顧(**וַיַּרְא**)、知道(**וַיֵּדַע**)，表達出耶和華神的「**我在**」(**אֶהְיֶה**) 的名號和屬性，英文翻譯就是 **I am**. 我耶和華神與你們以色列「同在」，我會保守你們、看顧你們、護衛你們，因為「**我在**」，我自始至終都在。[2]

正因耶和華神要你們以色列百姓脫離法老「控制-奴役」的罪惡權勢，不再成為「罪惡的奴僕」，所以，神要你們離開埃及，**必須「出埃及」**。

但法老罪惡權勢之大，以色列人沒辦法靠自己救贖自己，他們沒有能力用自己的力量，來推翻打倒法老和埃及帝國的勢力和權力，所以耶和華神施行十災，來懲罰法老，粉碎埃及帝國，讓以色列百姓「能夠-可以」平安的出埃及，出埃及記 12:42：

---

[2] 關於耶和華之「我是自有永有/我在」的名字分析，詳參《奧秘之鑰-解鎖妥拉: 出埃及記》No.1 妥拉 <名字>篇之「耶和華的名: 亞伯拉罕-以撒-雅各的神」。

『這夜 是耶和華保守的夜，(因為) 祂領他們出了埃及地，
這是所有以色列人世世代代該 向耶和華謹守的這一夜。』

לֵיל שִׁמֻּרִים הוּא לַיהוָה לְהוֹצִיאָם מֵאֶרֶץ מִצְרָיִם
הוּא-הַלַּיְלָה הַזֶּה לַיהוָה שִׁמֻּרִים לְכָל-בְּנֵי יִשְׂרָאֵל לְדֹרֹתָם

看到出 12:42 這節經文，講得特別的感人，這裡說到，以色列百姓出埃及的「**那個夜晚**」，是耶和華神「**特別保守**」的夜晚，一個特別「**看顧-保護-守衛**」的夜晚，目的就是為了要讓以色列人平安順利地「離開」埃及這個「罪惡權勢-奴役管轄」之地。

為了以色列後世子孫、世世代代可以「紀念」並「見證」耶和華神大能的手，使以色列人可以「出埃及」的這個救贖事件，所以才有了「**逾越節**」，這個耶和華神的第一個節期，這是一個標誌著：『**戰勝黑暗權勢、靈命得重生、生命得翻轉**』的偉大節期。

因此，再回到前文一開始讀的民 33:3-4 的經文：

『正月十五日，就是 **逾越節** 的次日，以色列人從蘭塞起行，在一切埃及人眼前**昂然無懼地出去**。那時，埃及人正葬埋他們的長子，就是 **耶和華在他們中間所擊殺的**；耶和華也 **敗壞/審判** 他們的神。』

這段話，作為摩西在回顧<總路程>一開始所說的話，其實真是語重心長，摩西是在告訴新一代的以色列百姓，你們不要忘記「**起初的火熱**」，不要忘記「起初的愛」，起初神對你們的「**大愛**」，耶和華神對你們的「**厚恩**」，祂所對你們施展的神蹟奇事和「**偉大救贖**」，因為耶和華為了你們，不惜「粉碎-擊垮」一個帝國，使埃及人所有頭生的長子都被擊殺，為的就是要「**全力搶救**」你們，目的是要你們「**生命得救、靈命更新**」，不再做罪惡的奴僕，而是要「**走向自由、邁向成聖**」。

你們之所以今日能夠走到如今，來到摩押平原，安營在約旦河邊，耶利哥的對面，準備要過河，進入應之地，那是因為耶和華神的「**恩典-保守**」、祂一路上的「**護衛-同在**」。那是因為，神要你們知道，你們這些百姓乃是領受 一個特別的「**呼召和使命**」，要來「成就」神國偉大的工作。

## 二、 考驗信心的路程

『法老<容百姓去>的時候，非利士地的道路 雖近，上帝卻不領他們從那裏走；因為上帝說：「恐怕百姓遇見打仗後悔，就回埃及去。」所以 上帝 領百姓 繞道而行，走紅海 曠野 的路。』出埃及記 13:17-18

在民數記最後一段妥拉，經文帶我們回顧過去 40 年來，以色列百姓從出埃及到現在，在約旦河東岸，所經過的 <總路程>。

正如出埃及記 13:17 的經文所述，其實從埃及到迦南地的「**地理上的距離**」並不**遙遠**，按著古時乘坐沙漠之舟:駱駝交通的時間，那也不過是幾週的時間。在創世記，亞伯拉罕、約瑟、和約瑟的哥哥們，都可以經常很方便地下到埃及、再回到迦南地。

但是以色列百姓從埃及上到迦南地，**卻花上 40 年，幾乎是用了「一個世代」、「半個世紀」**，以色列百姓最後才好不容易的來到約旦河邊，準備進入「應許」地: 迦南地。

<總路程>這段妥拉一開始，在民數記 33 章經文花一整章的篇幅，一一地、鉅細靡遺地去「記述-回顧」以色列百姓所「安營-駐紮」過的地點，之所以要這麼詳細的去記錄這些路程的細節，共 42 個站點，如此多的站點，乃是要提醒以色列人，並且也告訴讀者一件事、一個重要的道理，那就是:

『從奴役走向自由』，這條「邁向成聖」的「上行」之路，**絕對不是一蹴可幾的**，這乃是要經過一連串的起起伏伏、上上下下、許多次的跌倒、再爬起、摔倒，再站起來「**長時間**」的「**磨練**」過程。

我們各人在回想過往走過的生命道路的時候，也是如此，在我們進入命定，走到成功的目的地「之前」，也是這樣經歷許多「顛簸、起伏、試煉、挑戰」，然後從這些挫折、失敗的經驗中，去學習成長。

在 33 章當中，摩西所回顧的這些地點，很多地方也讓讀者回想起，過去以色列百姓『信心軟弱、發怨言，然後耶和華神 就供應』這樣的模式。

譬如，在民 33:8 提到的 瑪拉:
『從比·哈希錄對面起行，經過海中到了書珥曠野，又在伊坦的曠野走了三天的

路程，就安營在 **瑪拉**。』

這個 **瑪拉**，若回去看出埃及記，這是以色列百姓出埃及-過紅海後，第一次向摩西發怨言的地方，出埃及記 15:23-24：

『到了 **瑪拉**，不能喝那裏的水；因為水苦，所以那地名叫 **瑪拉**。百姓就向摩西發怨言，說：「我們喝甚麼呢？」』

然後，耶和華神沒有因為百姓的怨言責備或懲罰以色列民，接下來經文記載，神使水變甜，讓百姓可以喝水，出埃及記 15:25-26：

『摩西呼求耶和華，耶和華指示他一棵樹。他把樹丟在水裏，**水就變甜了。** 耶和華在那裏為他們定了 **律例、典章**，在那裏試驗他們；又說：「你若留意聽耶和華－你上帝的話，又行我眼中看為正的事，**留心聽我的誡命，守我一切的律例，**我就不將所加與埃及人的疾病加在你身上，因為 **我－耶和華是醫治你的。**」』

在出埃及記裡面，百姓抱怨沒水喝、沒東西吃的時候，**耶和華神會供應他們**，因為此時的以色列百姓還像是個屬靈嬰孩一般。

可是經過利未記，來到民數記以後，情況就不同了，當百姓「又抱怨」時，**耶和華神開始會「降災懲罰」**，為什麼在民數記的耶和華神「會懲罰」以色列百姓呢？

因為耶和華神「**已經教導**」百姓一切的「誡命-律例-典章」，也「**已經供應**」百姓一切所需，而且營地中央也有 會幕 這個「神的居所」，代表 神隨時的「護衛-同在」，可是儘管如此，以色列百姓對耶和華神的信心還是很小，還是經常抱怨，還是常常爭鬧著說想要「回埃及」去。

因此，當「探子事件」發生，以及後來的「可拉叛黨」，耶和華神知道，這個「出埃及」的世代，「**奴性**」還是很重，他們的生命仍然沒有，或者說「**不願意**」被建造成一個，具備「走向自由」、「承擔自由」的「勇氣-能力」的神國精兵和軍隊。

於是，這個走向自由、「前進迦南-得地為業」的任務和使命，就只能由「**下一個世代**」的新以色列人，這一批在曠野中出生和長大的以色列人來繼承，並且完成。

是的，在民數記這卷書裡面，所給我們的一個很深刻的提醒就是: 在出埃及的上行-成聖的<總路程>當中，除了神「已經給予」的供應-護衛之外，我們自己「也要起來」，也要願意「突破」自己的生命，要對神有信心，勇敢地走上在這條考

驗信心、前進迦南、得地為業的<**總路程**>，儘管這個路程是一條「漫長」的成聖之路，但我們相信，最後一定會抵達終點，進入應許之地，就像以色列百姓一樣。

# 三、「冤冤相報」何時了

『耶和華曉諭摩西說：你吩咐以色列人說：你們過約旦河，進了迦南地，就要分出幾座城，為你們作 **逃城 (עָרֵי מִקְלָט)**，使 **誤殺人的** 可以逃到那裏。這些城可以作 **逃避報仇人的城**，使 **誤殺人的** 不至於死，等他站在會眾面前聽審判。』民 35:9-12

「**逃城**」的設立，是在防範，將來以色列百姓進入迦南地以後，若是在境內，在以色列的社會內部發生「**誤殺**」的案件，或「**過失殺人**」的事件時，為了不要讓這個誤殺的人被「報血仇」，以至於 又多留了「**無辜人的血**」，所制定出的一個制度。

這個「逃城」制度，目的就是要預防雙方彼此「互相報仇」，也就是 冤冤相報「何時了」的一種「惡性循環」的狀態。

因為假如說一個人「誤殺」或因「過失」，而不小心造成另一個人的死亡，若照私下的解決方式想要「復仇」，就是這個被誤殺的人的親朋好友，也起來把「這個誤殺的人」給殺掉，那麼這位誤殺者的親戚家屬也會起來尋仇，要把這個「殺掉」誤殺者的「兇手」找出來殺掉的話，那這樣，就會造成一種很恐怖的狀況，就是前文說的：冤冤相報「何時了」的「惡性循環」。

耶和華神不希望將來以色列百姓進到「**應許之地**」，有這樣社會內部緊張和「彼此仇恨」的情況產生，所以才吩咐摩西要設立 **逃城**，澈底杜絕這種「冤冤相報」無止境循環的絕境。

另方面，**逃城** 設立背後的精神，最主要還是因為，迦南地，是耶和華神「特別揀選」，要給以色列百姓承受做為「永久產業」的居住之地，以色列要在這塊土地上，按著耶和華神所頒布的一切誡命、律例、典章和法度來治理、來生活，如此才能成為列國的典範、列國的光。

135

以色列必須要如此做，他們必須要在這塊應許之地上「成聖-聖潔」的一個更重要的原因是因為，耶和華神「特意揀選」這塊地:以色列地，要來做為 祂「榮耀顯現-同在居住」之地 [3]，因此，神不允許人「玷污」那塊地 [4]，或是在那塊地上有「兇殺-報仇」的罪惡，和留「無辜人之血」的事情發生，這就是民 35:33-34 說的:

『這樣，你們就不污穢所住之地，因為血是污穢地的；
若有在地上流人血的，非流那殺人者的血，那地就不得潔淨。
你們不可玷污 所住之地，
就是 我住在其中之地，因為 我－耶和華住在以色列人中間。』

34 節講得很清楚，耶和華神直接對摩西說，祂自己就「住在」以色地當中，當然，也「住在」以色列百姓的中間。

關於「以色列地」的獨特性，和耶和華神在列邦萬國，在天下之下會「特別看顧」、「細心看守」這塊土地，筆者在利未記的第六段妥拉<死了之後>篇的第五段信息「聖地與聖潔」、以及利未記的第七段妥拉<成聖>篇的第五段信息「聖地與以色列民」都有詳細的討論。如申命記 11:11-12 節所說:

『你們要過去得為業的 那地 乃是有山有谷、雨水滋潤之地，
是耶和華－你上帝 所眷顧的 (所要求的) [5]；
從歲首到年終，耶和華－你上帝的眼目 時常看顧那地。』

---

[3] 關於耶和華神在地上的居所，詳參《奧秘之鑰-解鎖妥拉:申命記》No.4 妥拉<看哪>篇之第二段「立為祂名的居所」。

[4] 關於以色列地的「獨特性」和其「聖潔」的要求，詳參《奧秘之鑰-解鎖妥拉:利未記》No.6 妥拉<死了之後篇>之第五段「聖地與聖潔」、《奧秘之鑰-解鎖妥拉:利未記》No.7 妥拉<成聖>篇之第五段「聖地與以色列民」。

[5] 「所眷顧的」希伯來原文(דֹרֵשׁ) 翻的更白話些就是「要求」，英文 demand. 這意思也就是說，耶和華神祂會特別「要求」這塊土地的「聖潔」，耶和華神會「要求-監督」在這塊土地上「生活的居民」，有沒有按著神所訂定的「公平-正義」的律例、法度來治理和生活。

## 四、「具體的」以色列疆界

> 『耶和華在摩押平原－約旦河邊、耶利哥對面這樣對摩西說：
> 你們要奪那地，住在其中，**因我 把 那地 賜給你們為業**。』民 33:53

來到民數記最後一段妥拉<總路程>，在民數記 34 章，這是妥拉(摩西五經) **首次具體的描繪到應許之地的「地理疆界」**，34 章的經文清楚的告訴我們，以色列地、應許之地、或者我們說迦南美地，這塊耶和華神特意「分別出來」要給以色列百姓來繼承的「永久地業」，**它是「真實存在」、「具體存在」的。**

當然，它的確是存在的。

因為在創世記裡面，耶和華神反覆地，向以色列的先祖們:亞伯拉罕、以撒、雅各啟示和顯現，並且與他們「起誓-立約」，不斷地「重申-應許」他們，將來會有後裔，和一塊土地，也就是迦南地。

來到出埃及記，摩西被耶和華神呼召，於是就展開了一趟帶領以色列人「**出埃及**」，**前進迦南-得地為業的「回歸-回家」**之路，目的地，當然就是先前耶和華神所要應許給亞伯拉罕、以撒、雅各的土地:迦南地。

而現在，來到民數記的結尾，此時以色列百姓來到約旦河邊，準備要過河，進入迦南地之前，耶和華神就告訴摩西，將來以色列人**所要承接的地業的「具體疆界」**是從哪裡到哪裡，神給摩西描繪出了 一個清楚的以色列的生活版圖。

只是，弔詭的是，在悠久的以色列民族史上，猶太人很少住在以色列地的境內，他們大多數的時間，都「流亡」在以色列地境外，不斷地在世界各地「遷徙-移動」，

這其實就很像是民數記最後的這一段妥拉<總路程>一開始，民數記 33 章所記載的這樣，以色列百姓在最終的「集體回歸」、「全數進入」迦南地之前，他們是一站又一站的「起行-安營」，一個地方又一個地方的「搬遷-駐紮」，他們不斷的處在「四處移動」、「飄盪流離」的過程當中，這就是民數記 33 章裡面經文記述出現的一個格式：

> 『 從 哪裡 起行，又 安營 在什麼地方 』

『以色列人 從 蘭塞 起行，安營 在疏割。

從 疏割 起行，安營 在曠野邊的以倘。』民 33:5-6

וַיִּסְעוּ בְנֵי-יִשְׂרָאֵל מֵרַעְמְסֵס וַיַּחֲנוּ בְּסֻכֹּת.
וַיִּסְעוּ מִסֻּכֹּת וַיַּחֲנוּ בְאֵתָם אֲשֶׁר בִּקְצֵה הַמִּדְבָּר.

接下去所記錄的一長串以色列百姓經過的各站口，經文都是用這個『從……起行，安營在……』，希伯來文就是 (וַיִּסְעוּ... וַיַּחֲנוּ)

其實，民數記 33 章記載以色列人「所經過、遷徙的」各站口，就很像是日後以色列被「趕散-流亡」，在世界各地「漂泊-流盪」的一個預表和縮影。

猶太人中世紀在西班牙受迫害了，就遷徙，搬遷到北非和其他地方、猶太人在東歐被逼迫了，就舉家搬遷，逃亡到美國、20 世紀的納粹迫害，德國的猶太人也四處逃亡，有逃到英國的、有流亡到美國，有去澳洲的，甚至還有坐船到當時的中國上海來避難的。

一直到 1948 年，以色列復國，大規模的海外-離散的猶太人，就一波又一波的「集體回歸」到以色列地境內，這是歷史上前所未見的事情，一個民族的重生，一個民族的人口「大量回歸」。

簡單羅列一下以色列 1948 年復國之後，所經歷的幾次重大的回歸潮，就是由以色列政府所擘劃的，祕密地開民航機，去將海外的猶太人載回以色列的「回歸行動」和任務:

1. 1949-1950 年的「飛毯 (雄鷹)」行動 (מבצע על כנפי נשרים):有大約 49,000 葉門猶太人回歸到以色列。
2. 1950-1952 年的「以斯拉與尼希米」行動 (מבצע עזרא ונחמיה)，又稱「巴比倫」行動:，有 120,000 伊拉克猶太人回歸以色列。
3. 1990 年代，有這「出埃及」行動 (העלייה מברית המועצות לשעבר בשנות ה-90):當時，約有一百萬的前蘇聯的俄羅斯猶太人回歸到以色列。
4. 1991 年的「所羅門」行動 (מבצע שלמה)，在 1991 年的 5 月 24-25 日。有大約 14,400 衣索比亞猶太人被以色列政府載回以色列。

上面之所以要提到這幾次「大規模-集體」的猶太人的回歸潮，其實目的只是要說明一個事實，那就是: 如果耶和華神沒有應許以色列百姓有一個「具體的」以色列地，一個在地球上，「在地理」上「真實存在」的疆界和土地的話，那麼以色列餘民的「回歸」這件事情就絕對不可能會發生。

就正如民數記最後一段妥拉<**總路程**>所告訴我們的，雖然以色列百姓行經 42 個站口，<在曠野> 四處遷徙、搬遷移動，但他們最後終究來到約旦河東岸，安營在摩押平原約旦河邊、耶利哥對面，準備要過河，「前進迦南-得地為業」。

以色列百姓、猶太人，不論過去有多麼長的時間，有 2000 年的時間被四處「趕散」，「流亡」在外，**但耶和華神始終都「沒有忘記-遺棄」祂的子民**，因為在 21 世紀的今天，我們又看到 **耶和華神帶領祂的百姓:以色列「回到」故土。**

這就好像是民數記的<**總路程**>一般，雖然過去 40 年<在曠野>漂流的日子有許多的挫敗、攻擊、悲劇、災難、甚至是死亡，可是最終，因著耶和華神的「保守-護衛」，以色列人現在，準備就要「回歸-進入」應許之地了。

# 五、「渴望進入」應許地

若稍微回顧一下整卷民數記的發展脈絡，會發現它是一部充滿「**挫折-失敗**」的旅途，它記載以色列百姓<在曠野>步履蹣跚，跌跌撞撞，和漂流-浪蕩的經過。

民數記開篇 (民數記 1-4 章) 雖然是以「數點百姓、徵兵、營地布署」開始，看似以色列百姓準備好要整裝待發，往「前進迦南-得地為業」的旅途做好戰鬥預備。

然後，民數記 6 章，耶和華神看到以色列全營 12 支派都「同心合一」，為著進入應許地而擺上付出和委身，所以贏得了耶和華神的祝福:「大祭司的祝福」。

接著民數記第 10 章，就提到:以色列要進行出埃及的「下半場」的行程，他們要拔營離開西奈山，繼續往迦南地挺進，就是民數記 10:13 所說的,「初次往前行」。

但才「拔營-起行」沒多久，民數記 11 章開始，以色列百姓就開始抱怨了，有「**他備拉**」事件、「**基博羅哈他瓦**」事件。

民數記 12 章，甚至連摩西的哥哥和姊姊:亞倫和米利暗也起來「毀謗」摩西。

到了民數記 14 章，發生「**探子**」事件，這是整卷民數記以色列百姓命運的一個

分水嶺，因為自從「探子事件」後，以色列全營的狀況和氣勢就 **每況愈下，急遽惡化**，也正是在「探子事件」當中，耶和華神宣判，**離開埃及的這個世代的以色列百姓，一個都「不得進入」迦南地**，除了約書亞和迦勒。

接著，民數記 16 章，<可拉>起來，利用此時以色列百姓對於摩西的「民怨」，要來做「叛變」，做出「竊取權柄」的動作，結果導致以色列會眾內部的「分裂」，更帶來耶和華神降災，以瘟疫懲罰，造成死傷無數。

民數記 20 章，百姓又因沒有水喝，聚眾要攻擊摩西、亞倫。

民數記 21 章，百姓又因大肆抱怨、爭鬧，結果引發火蛇入營咬死百姓，就是所謂的「**銅蛇**」事件。

民數記 22-24 章，以色列遭到外邦術士「**巴蘭的咒詛**」，雖然巴蘭的咒詛遭到耶和華神的阻止，不過巴蘭臨走前還是給摩押王巴勒提出一個策略，就是用摩押女子和米甸女子來引誘以色列百姓犯罪。

所以民數記 25 章，就看到了西緬支派宗族的首領:心利，居然公開地帶米甸女子進入以色列營地中，想要行淫。這些行淫、拜偶像的事，又再次惹動耶和華神的怒氣，所以營地當中又遭瘟疫，以色列百姓又有許多人傷亡。

以上很快地回顧民數記當中，以色列百姓的「**抱怨、爭鬧、不信、跌倒**」的<曠野>歷程，民數記這卷書的希伯來文的書卷名正好是<在曠野>(**במדבר**)。

但很有意思的是，到了民數記的最後一段妥拉<總路程>，民數記最後一章，民數記 36 章，經文用 **西羅非哈的五個女兒**，和瑪拿西支派的一個首領，他們和摩西的這一段對話，來結束民數記這一卷充滿「挫折-失敗」、「困難-挑戰」的曠野之旅。

這一段對話，就是 **西羅非哈的五個女兒**，和瑪拿西支派的一個首領，講到他們為了將來進入迦南地，所承接應許的產業和土地的「**滿心渴望-熱切渴求**」，他們**不希望失去所分配給他們的地業**。

民數記的結尾，以這段敘事和對話結束，其實有非常深刻的意涵，那就是:儘管民數記前面記載以色列百姓許多的抱怨、不信、跌倒、甚至屢次想走回頭路、回埃及去，可是到了民數記的結尾，我們看到的居然是一個美好的結局，大家竟然已經在約旦河東，對著耶利哥安營，準備要進入迦南地，得地為業。

這其實也是預表日後以色列餘民的「回歸」之路，回到迦南地的旅程，將會是一條充滿「曲折而困難」的道路，但是這條路「**回歸-上行**」之路，**它最後，終究「會成就」**，正如民數記結尾所告訴我們的，以色列百姓經過 40 年的痛苦的<曠野>漂流，但在耶和華神的「保守-護衛」之下，他們最後還是抵達目的地了。

是的，透過民數記這卷書，讓我們深刻地知道，「回歸」之路、這條「上行-成聖」之路，雖然一路上是充滿挑戰、困難重重、崎嶇不平的道路，**但只要「堅持到底」，「緊緊抓住」神的應許**，神一定會幫助我們，抵達我們每個人生命當中的應許之地。

## 問題與討論：

1. 民數記最後一段妥拉的標題為什麼取名<**總路程**>，這個標題有什麼重要的涵義？ 另外，<**總路程**>篇為什麼一開始就特別提到 逾越節 和出埃及？

2. 在第二段信息「考驗信心的路程」一文中提到，在民數記 33 章，經文用了一整章的篇幅，鉅細靡遺地去「記述-回顧」以色列百姓所「安營-駐紮」過的地點。之所以要這麼詳細的去記錄這些路程的細節，共 42 個站點，如此多的站點，這其實是要告訴讀者什麼樣重要的信息和道理？

3. 民數記 35:9-12：『耶和華曉諭摩西說：你吩咐以色列人說：你們過約旦河，進了迦南地，就要分出幾座城，為你們作 逃城 』，耶和華神為什麼要在 以色列地 上設立逃城，設立 逃城 這個聖法的用意和「背後的精神」是什麼？

4. 在第四段信息「**具體的以色列疆界**」一文中提到，在民數記 33 章裡面經文記述出現的「一個格式」是什麼？ 另外，以色列 1948 年復國之後，所經歷的幾次重大的回歸潮，這和民數記 34 章，這是妥拉(摩西五經) 首次具體的描繪到應許之地的「地理疆界」有何關係？

5. 民數記這卷記載以色列百姓<在曠野>生活 40 年遷徙漂流的歷史書，最後以民數記 36 章的一段對話內容，就是：西羅非哈的五個女兒，和瑪拿西支派的一個首領，講到：他們為了將來進入迦南地，所承接應許的產業和土地的「**滿心渴望-熱切渴求**」，他們不希望失去所分配給他們的地業，來作一個完美的結局和收尾，你覺得這個結局和收尾有什麼樣「深刻的意涵」？

奧秘之鑰 解鎖妥拉系列(四) 民數記

作者：鹽光

發 行 人：鍾塩光

出 版 者：妥拉坊

地 址：台北市大安區忠孝東路三段 303 號 4 樓之 5

電 話：0916-556419

電子郵件：torahsc@gmail.com

網 址：www.torahsc.com

出 版 年 月 ：2023 年 1 月初版

定 價：新台幣 888 元

ISBN：978-626-96635-9-0 （平裝)

展售處（銷售服務）：妥拉坊

地 址：台北市大安區忠孝東路三段 303 號 4 樓之 5

電 話：0916-556419

網 址：www.torahsc.com

電子郵件：torahsc@gmail.com

電子書設計製作：伯特利實業有限公司

設計製作：林子平

地 址：台北市文山區指南路二段 45 巷 10 弄 11 號 B1

電 話：29372711